◎爱问法律百科系列丛书◎

关注热点

简明易懂

法律思维

爱问
法律百科

物业服务必知160问

程筱璇　蔡文映◎著

中国法制出版社
CHINA LEGAL PUBLISHING HOUSE

图书在版编目（CIP）数据

爱问法律百科．物业服务必知160问 / 程筱璇，蔡文映著．—北京：中国法制出版社，2020.12

ISBN 978-7-5216-1355-1

Ⅰ．①爱…　Ⅱ．①程…　②蔡…　Ⅲ．①物业管理－法规－中国－问题解答　Ⅳ．①D920.5

中国版本图书馆CIP数据核字（2020）第204064号

责任编辑：王佩琳　陆紫薇　　封面设计：李　宁

爱问法律百科：物业服务必知160问

AIWEN FALÜ BAIKE：WUYE FUWU BIZHI 160 WEN

著者 / 程筱璇　蔡文映

经销 / 新华书店

印刷 / 三河市国英印务有限公司

开本 / 880毫米×1230毫米　32开　　印张 / 7.5　字数 / 136千

版次 / 2020年12月第1版　　2020年12月第1次印刷

中国法制出版社出版

书号 ISBN 978-7-5216-1355-1　　定价：30.00元

北京西单横二条2号　邮政编码 100031　　传真：010-66031119

网址：http://www.zgfzs.com　　**编辑部电话：010-66010406**

市场营销部电话：010-66033393　　**邮购部电话：010-66033288**

（如有印装质量问题，请与本社印务部联系调换。电话：010-66032926）

目录
CONTENTS

第一章　前期物业服务

第二章　物业公司的责任和义务

第三章　业主的权利和义务

第四章 小区邻里关系

第五章 物业费和其他费用

第六章 小区内的人身、财产损害

第七章　业主大会的权利和义务

第八章　业主委员会的权利和义务

第九章　专项维修资金

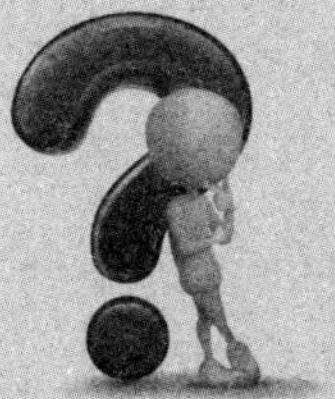

第一章

CHAPTER 1

前期物业服务

1. 什么叫前期物业服务？

当一个小区建设完成之后，房屋的出售以及业主的入住都是一个持续的过程，在此期间，也需要有物业公司来对小区进行管理和维护。因此，小区的建设单位，也就是开发商，通常会先行选聘一个物业公司，由该物业公司入驻小区，为小区提供这期间的物业管理服务，这个物业公司提供的物业管理服务就属于前期物业服务。

根据《物业管理条例》第 21 条的规定："在业主、业主大会选聘物业服务企业之前，建设单位选聘物业服务企业的，应当签订书面的前期物业服务合同。"一般而言，前期物业服务合同是开发商与物业公司就前期物业管理阶段的权利义务所达成的协议，是物业公司被授权开展前期物业服务的依据。

2. 物业服务合同应当包含什么内容？

《民法典》第 938 条规定："物业服务合同的内容一般包括服务事项、服务质量、服务费用的标准和收取办法、维修资金的使用、服务用房的管理和使用、服务期限、服务交接等条款。

物业服务人公开作出的有利于业主的服务承诺，为物业服务合同的组成部分。物业服务合同应当采用书面形式。”

《物业管理条例》第 34 条规定：“业主委员会应当与业主大会选聘的物业服务企业订立书面的物业服务合同。物业服务合同应当对物业管理事项、服务质量、服务费用、双方的权利义务、专项维修资金的管理与使用、物业管理用房、合同期限、违约责任等内容进行约定。”

由此可知，物业服务合同应当采用书面形式订立，其内容应当涵盖服务事项、服务质量、服务费用、维修资金的使用、服务期限、双方的权利义务、违约责任等，具体内容可由双方协商确定。

3. 开发商订立的前期物业服务合同对业主有约束力吗？

物业服务合同是指物业服务企业与业主委员会订立的，规定由物业服务企业提供对房屋及其配套设备、设施和相关场地进行专业化维修、养护、管理以及维护相关区域内环境卫生和公共秩序，由业主支付报酬的服务合同。一般而言，物业服务企业是由业主选聘的。

在实践中，物业的销售及业主的入住是一个持续的过程，在此期间，物业管理服务也是小区必需的，因此，开发商往往会提前选聘前期物业服务企业，前期物业服务合同是物业建设单位与物业服务企业就前期物业管理阶段双方的权利义务所达成的协议，是物业服务企业被授权开展物业管理服务的依据。

根据《物业管理条例》第 21 条规定："在业主、业主大会选聘物业服务企业之前，建设单位选聘物业服务企业的，应当签订书面的前期物业服务合同。"由此可见，为了避免在业主选聘物业服务企业之前出现物业管理的真空期，明确前期物业管理服务的责任主体，规范前期物业管理活动，法律明确规定了建设单位即开发商有先行选聘前期物业服务企业的权利。

根据《物业管理条例》第 25 条规定："建设单位与物业买受人签订的买卖合同应当包含前期物业服务合同约定的内容。"以及《最高人民法院关于审理物业服务纠纷案件具体应用法律若干问题的解释》第 1 条规定："建设单位依法与物业服务企业签订的前期物业服务合同，以及业主委员会与业主大会依法选聘的物业服务企业签订的物业服务合同，对业主具有约束力……"这意味着，前期物业服务合同不仅涉及开发商与物业服务企业，也涉及业主。开发商与物业服务企业订立的前期物业服务合同对业主具有约束力，业主应当依约交纳物业费。

4. 开发商承诺免物业费就真的可以不交吗？

开发商在出售房屋时，为了打动消费者，往往会大力宣传楼盘的优势，甚至会作出一些促销优惠，例如某开发商在售楼时向赵小姐承诺："四套房屋终身按照一套房屋来收取物业费。"可当赵小姐真的买了四套房之后，却发现依然需要按照四套房来交纳物业费。

实际上，开发商与物业公司是两个独立的法人主体。开发商出售房屋，与业主之间形成房屋买卖合同关系；物业公司提供物业服务，与业主之间形成物业服务合同关系，这是两个完全不同的法律关系。

根据《民法典》第171条第1款规定："行为人没有代理权、超越代理权或者代理权终止后，仍然实施代理行为，未经被代理人追认的，对被代理人不发生效力。"也就是说，即使开发商与物业公司为关联企业，但只要在开发商没有获得物业公司的授权委托的情况下，开发商就无权处分物业公司，无权在购房合同中承诺免除物业费。开发商作出的免除物业费的承诺属于无权代理行为，在物业公司拒绝追认的情形下，对物业公司不发生效力。

事实上，减免物业费的承诺超出了开发商在房屋买卖法律关系中应有的权利范围，可以理解为开发商在售房时为促使消费者成功购房所采取的一种商业促销手段。若开发商为自身利益作出的超出自身应有权利范围外的促销承诺，却需要物业公司来无条件执行的话，对物业公司而言显失公平。由此也提示广大消费者，在购房的时候，应当理智分辨开发商的宣传及承诺。

5. 开发商委托自己的子公司担任前期物业服务企业合法吗？

子公司是与母公司相对应的法律概念，是指一定比例以上的股份被另一个公司持有或通过协议方式受到另一个公司实际控制的公司。虽然子公司受到母公司的实际控制，母公司对子公司的一切重大事项拥有实际上的决定权，但母公司、子公司是各自独立的法人。

现实中，的确存在开发商委托子公司为自己开发的小区提供前期物业管理服务的，这也引起了许多业主的疑虑：开发商与物业公司之间的“母子公司关系”是否合法？

《物业管理条例》第 24 条规定：“国家提倡建设单位按照房地产开发与物业管理相分离的原则，通过招投标的方式选聘物业服务企业。住宅物业的建设单位，应当通过招投标的方式选聘物业服务企业；投标人少于 3 个或者住宅规模较小的，经物业所在地的区、县人民政府房地产行政主管部门批准，可以采用协议方式选聘物业服务企业。”也就是说，如果子公司通过合法的招标程序选聘成为小区的前期物业服务企业是可以的。

根据《物业管理条例》第 56 条的规定：“违反本条例的规定，住宅物业的建设单位未通过招投标的方式选聘物业服务企业或者未经批准，擅自采用协议方式选聘物业服务企业的，由县级以上地方人民政府房地产行政主管部门责令限期改正，给予警告，可以并处10万元以下的罚款。”因此，若开发商未经批准，擅自采用协议方式选择自己的子公司作为物业服务企业，则涉嫌违反相关法律规定，需承担相应的法律后果。

6. 前期物业服务合同到期后，业主可以拒交物业费吗？

实践中，物业服务企业常常认为只要为小区业主提供了物业服务，就应该收取物业费，无论双方的物业服务合同到期与否；而业主认为，既然合同到期了，双方的权利义务就已经终止了，因而支付物业费的义务也就不用再履行。那么，物业服务合同到期后，物业服务企业仍向业主提供物业服务的，业主是否还需要支付物业费呢？

根据《物业管理条例》第7条的规定，业主负有按时交纳物业费用的义务。物业服务企业按照物业服务合同的约定，提供了相应的物业管理服务，业主理应按时足额交纳物业管理服务费用。

但是，当物业服务合同终止后，若业主委员会没有与原物业服务企业续约，也没有及时聘请新的物业服务企业，原物业服务企业为了维护业主的公共利益而继续为业主提供物业服务，并实际付出了人力成本，那么物业服务企业与业主之间形成了事实上的物业服务合同关系，业主实际享受了物业服务企业的服务，有义务支付相应的物业费用。

若业主要拒绝在物业服务合同到期后继续接受物业服务，则应当以明示的方式作出，及时选聘新的物业服务企业，并签订新的物业服务合同，明确向原物业服务企业提出退场、移交工作的要求。

7. 签订购房合同时，开发商要求一并签订物业协议合法吗？

购房人在与开发商签订购房合同时，有时会被要求一并签订物业服务协议，物业公司可以依据此份协议来开展前期的物业服务工作。按理来说，物业服务企业应由业主来选聘，那开发商这样一揽子打包的做法是合法的吗？

《城市房地产开发经营管理条例》第27条规定："商品房销售，当事人双方应当签订书面合同。合同应当载明商品房的建筑面积和使用面积、价格、交付日期、质量要求、物业管理方式以及双方的违约责任。"《物业管理条例》第25条规定："建设单位与物业买受人签订的买卖合同应当包含前期物业服务合同约定的内容。"由此可见，物业管理服务是商品房销售合同的必备内容之一。

《物业管理条例》第21条规定："在业主、业主大会选聘物业服务企业之前，建设单位选聘物业服务企业的，应当签订书面的前期物业服务合同。”从此规定可看出，签订前期物业服务合同的当事人虽然是建设单位与物业服务企业，但合同的内容是涉及业主的。一方面，由于开发商对于房子的销售过程存在时间上的不确定性，无法确定房子何时卖完；另一方面，这时候业主的入住率也没有达到法定的成立业主委员会的条件，但小区又需要物业公司进行一定的管理，比如打理小区的绿化、维护相关的设备设施等。因此，出于维护小区的整体利益考虑，为实现对小区公共事务的管理，开发商要求一并签订物业服务协议具有合理性。

8. 前期物业服务合同尚未期满，业主可以选聘新的物业公司吗？

在业主人数未达到法定的成立业主委员会的条件时，开发商会和物业公司签订前期物业服务合同，让物业公司对小区进行管理。如果业主的入住率已经达到了成立业主委员会的条件，而前期的物业服务合同的期限还未满的，业委会可以选聘新的物业公司吗？

根据《物业管理条例》第26条的规定：“前期物业服务合同可以约定期限；但是，期限未满、业主委员会与物业服务企业签订的物业服务合同生效的，前期物业服务合同终止。”可见，随着业主入住，小区入住率的上升，业主已经成立业主委员会，业主委员会和新的物业公司签订物业服务合同，物业服务合同也生效的，即使前期物业服务合同约定的期限还未满，前期物业服务合同也因业主已选聘了新的物业公司而终止，前期物业公司应当退出，由新的物业公司入驻。

9. 物业公司退场后，未办理移交手续怎么办?

物业公司在前期物业服务合同到期后，不再履行对小区的物业管理服务时，并不是简单地发出退场通知就能退场的，还应当办理物业的移交手续，否则，因此导致业主损失的，业主仍然可以将物业公司告上法庭，要求物业服务企业承担责任。

根据《物业管理条例》第 29 条的规定："在办理物业承接验收手续时，建设单位应当向物业服务企业移交下列资料：(一) 竣工总平面图，单体建筑、结构、设备竣工图，配套设施、地下管网工程竣工图等竣工验收资料；(二) 设施设备的安装、使用和维护保养等技术资料；(三) 物业质量保修文件和物业使用说明文件；(四) 物业管理所必需的其他资料。物业服务企业应当在前期物业服务合同终止时将上述资料移交给业主委员会。"由此可见，法律明确规定了物业服务企业的交接工作义务。

物业公司在退场前，需办理好相应的交接手续，可通知业主委员会或者委托方对小区内的设施设备进行清查，并由业主委员会或者物业委托方为物业公司开具证明文件，证明物业公司已经归还物业服务期间管理的资金、资料，且在服务期间尽到了妥善管理小区公共设施设备的义务。物业公司办理好交接手续后，应将相关交接手续的资料进行一定期限的妥善保管，一旦未来发生纠纷，物业公司能够以此证明在提供管理服务期间已经尽到应尽的义务。

10. 小区停车场属于业主共有部分还是归开发商所有?

随着家用轿车的普及，“小区停车难”成了令很多业主头疼的问题，有关停车位权属的纠纷也不断产生，那么，到底小区停车场是属于业主共有部分还是归开发商所有呢?

一般小区里的停车位分为地面停车位和地下停车位两种。《民法典》第 275 条规定：“建筑区划内，规划用于停放汽车的车位、车库的归属，由当事人通过出售、附赠或者出租等方式约定。占用业主共有的道路或者其他场地用于停放汽车的车位，属于业主共有。”因此，小区里的停车场有一部分是业主共有，另一部分是开发商所有。经过规划许可的位于建筑区划内用于停放汽车的车位，无论是地上的还是地下的，所有权都属于开发商，开发商可将此种车位进行租赁或售卖。如果是占用业主共有的道路或者其他场地用于停放汽车的车位，属于业主共有。如果车辆占用共有道路或场所，物业公司向业主收取了停车费，所收取的停车费是归全体业主共有。

此外，如果是地下人防车位，根据《人民防空法》第5条“国家对人民防空设施建设按照有关规定给予优惠。国家鼓励、支持企业事业组织、社会团体和个人，通过多种途径，投资进行人民防空工程建设；人民防空工程平时由投资者使用管理，收益归投资者所有”的规定，地下人防车位是属于国家所有的国防资产，开发商和业主都没有所有权，但可在不妨碍防空功能的前提下优先供业主使用。

11. 业主解聘造成物业公司损失，需要承担赔偿责任吗？

业主委员会及业主大会可以依法选聘新的物业公司取代旧的物业公司，在实践中，物业合同尚未到期的情况下，业主不满意目前物业公司的服务想要换掉物业公司的情况屡见不鲜，特别是当小区在成立业主委员会后，往往会与新的物业公司签订物业服务合同，以终止前期物业服务合同，将开发商选聘的物业公司解聘。

物业公司被解聘后应尽快退场，退场前与新的物业公司办妥交接手续。但若业主要求原物业公司立即退场的，则会给物业公司带来不便之处，甚至给物业公司造成损失。根据《民法典》第946条的规定，业主解聘造成物业公司损失的，除不可归责于业主的事由外，业主应当赔偿损失。业主在解聘物业公司时，要求物业公司立即撤出小区的，导致物业公司需要额外支出费用在短时间内撤离，此时，业主则可能需要承担物业公司撤离的搬迁费用。

因此，业主解聘物业公司，应当给物业公司预留合理的搬迁、交接时间。根据《民法典》第946条第1款规定："业主依照法定程序共同决定解聘物业服务人的，可以解除物业服务合同。决定解聘的，应当提前六十日书面通知物业服务人，但是合同对通知期限另有约定的除外。"一方面，业主需注意在作出解聘决定后，应当提前60日书面通知物业公司；另一方面，业主还需要注意，若原物业服务合同对通知期限另有约定的，则需要按约定处理。例如，原物业服务合同约定："解除物业服务合同或物业服务合同到期不续签的，应提前三个月通知物业公司"，此时，业主作出解聘决定的，则应当按照约定提前3个月通知物业公司。

12. 前期物业服务到期后，小区还没有成立业委会怎么办？

随着业主的逐渐入住，小区也会日臻完善，根据《民法典》

第 277 条的规定，业主可以设立业主大会，选举业主委员会。但此条规定并非强制性规定，实践中，未设立业主委员会的小区也不在少数。

“选聘或解聘物业公司”属于业主共同决定的事项，但在小区尚未成立业主委员会的情况下，通常缺乏统一领导者来组织全体业主对“选聘或解聘物业公司”的事项进行共同决定，这有可能导致一种情况，就是前期物业服务合同到期后，小区既没有与提供前期物业服务的物业公司续签，也未能共同选聘新的物业公司取而代之。

《民法典》第 950 条规定：“物业服务合同终止后，在业主或者业主大会选聘的新物业服务人或者决定自行管理的业主接管之前，原物业服务人应当继续处理物业服务事项，并可以请求业主支付该期间的物业费。”也就是说，若前期物业服务到期后，小区还没有成立业主委员会的，因小区没有选聘新的物业公司也并未决定自行管理的，此时，原物业公司应当继续提供物业管理服务。

根据《民法典》第 947 条的规定，前期物业服务期限届满后，业主没有依法作出续聘或者另聘物业服务人的决定，原物业公司继续提供物业服务的，原物业服务合同继续有效。此时，物业服务期限是不定期，无论是业主还是物业公司都可以随时解除不定期的物业服务合同，但是应当提前 60 日书面通知对方，给予对方合理的准备时间。

13. 物业服务合同期满，物业公司可以拒绝续签物业服务合同吗?

一般而言，在物业合同期满之前，业主应当依法共同决定是否与原物业公司续签或共同决定是否另聘新物业公司。根据《民法典》第947条的规定，物业服务期限届满前，业主依法共同决定续聘的，应当与原物业服务人在合同期限届满前续订物业服务合同。

物业服务合同是建立在平等、自愿基础上的民事合同。因此，当业主依法共同决定续聘的，是否要续签物业服务合同，还需要考虑物业公司的真实意愿。根据《民法典》第947条第2款规定："物业服务期限届满前，物业服务人不同意续聘的，应当在合同期限届满前九十日书面通知业主或者业主委员会，但是合同对通知期限另有约定的除外。"也就是说，物业公司有权拒绝续签物业服务合同，但是需要符合法定的通知期限，一般而言，物业公司应当在物业合同期限届满前90日通知业主或业主委员会，且需要书面通知。另外，若物业服务合同对通知期限另有约定的，则需要按照物业服务合同约定的期限，提前履行通知义务。

第二章

CHAPTER 2

物业公司的责任和义务

14. 物业公司的一般义务是什么？

物业服务合同会对物业公司的服务事项作出约定，物业公司应当依约履行。一般而言，物业服务具体包括综合管理、房屋及共用设施设备的维护管理、公共秩序维护、保洁服务、绿化管理、装饰装修管理服务、停车管理服务等内容。物业服务合同会对物业公司的服务事项作出约定，物业公司应当依约履行。

《民法典》第 942 条也明确了物业公司的一般义务，物业公司应当按照约定和物业的使用性质，妥善维修、养护、清洁、绿化和经营管理物业服务区域内的业主共有部分，维护物业服务区域内的基本秩序，采取合理措施保护业主的人身、财产安全。

同时，根据《民法典》第 942 条第 2 款规定："对物业服务区域内违反有关治安、环保、消防等法律法规的行为，物业服务人应当及时采取合理措施制止、向有关行政主管部门报告并协助处理。"物业公司应该确保自己在小区管理过程中不能缺位，对小区内违反治安、环保、消防等法律法规的行为应当及时制止并报告相关部门。

日常生活中，部分业主会因家中财物失窃而与物业公司发生冲突，认为物业公司未尽一般义务，未能保护业主财产安全。实际上，若物业公司已经履行了基本的安保职责，采取了合理的安保措施，如通过保安定时巡检、在公共区域安装安防监控等方式维护了小区治安，并在盗窃事件发生后及时报警，协助相关部门调查，提供小区监控录像、安保巡检记录、访客记录等，则可认为物业公司已经尽到一般义务。此时，财物被盗错在小偷，而不在物业公司。

15. 物业公司的公开承诺是否属于物业服务的内容？

物业服务合同的订立应当采用书面的形式，在物业服务合同中，通常会对物业公司的服务事项进行约定，以便物业公司依约履行。在物业公司管理小区、履行合同的过程中，有的物业公司也会自行对一些事项作出公开承诺。例如，物业公司公开承诺为小区提供更优质的服务，凡业主报修的，物业公司将在 1 小时内响应等。此种公开承诺由物业公司单方作出，并且没有约定在物业服务合同之中，那么该承诺是否属于物业服务的内容，物业公司是否需要履行呢？

《民法典》第 938 条明确规定，物业公司公开作出的有利于业主的服务承诺，为物业服务合同的组成部分。上述案例中，物业公司公开承诺将在 1 小时内响应业主的报修需求，且该承诺是有利于业主的，因此，物业公司的上述承诺属于物业服务合同的组成部分，物业公司应当依约履行。

根据《最高人民法院关于审理物业服务纠纷案件具体应用法律若干问题的解释》第3条规定："物业服务企业不履行或者不完全履行物业服务合同约定的或者法律、法规规定以及相关行业规范确定的维修、养护、管理和维护义务，业主请求物业服务企业承担继续履行、采取补救措施或者赔偿损失等违约责任的，人民法院应予支持。物业服务企业公开作出的服务承诺及制定的服务细则，应当认定为物业服务合同的组成部分。"除公开作出的服务承诺外，物业公司制定的服务细则也应当认定为物业服务合同的组成部分，物业公司应当严格履行。若物业公司不履行相关义务的，业主有权请求物业公司承担继续履行、采取补救措施或者赔偿损失等违约责任。

16. 物业公司的收支情况是否需要向业主公开？

赖某、吕某是小区业主，他们认为自从物业公司入驻小区以来，从未向小区公开过任何物业管理期间的物业收支账目、明细等，存在侵占业主公共收益的行为，严重侵犯了业主的权益。于是，赖某、吕某向法院提起诉讼，要求物业公司对小区的收支情况进行公示。

物业服务合同以及共有部分的使用和收益状况与业主的利益息息相关。业主有权知悉物业服务企业对共有部分的经营、利用状况，物业服务合同以及共有部分的使用和收益状况亦应纳入业主知情权的范围。因此，物业公司应当向赖某、吕某公示物业费收支账目及公共水电费收支账目、物业服务合同、共有部分使用和收益情况。

若物业服务合同对物业公司应定期公布收支情况有明确约定，物业公司基于合同的约定理应定期公示。若物业服务合同对此没有约定，基于法律赋予业主的知情权，物业公司也应当将收支情况予以公示。

根据《最高人民法院关于审理建筑物区分所有权纠纷案件具体应用法律若干问题的解释》第13条规定："业主请求公布、查阅下列应当向业主公开的情况和资料的，人民法院应予支持：（一）建筑物及其附属设施的维修资金的筹集、使用情况；（二）管理规约、业主大会议事规则，以及业主大会或者业主委员会的决定及会议记录；（三）物业服务合同、共有部分的使用和收益情况；（四）建筑区划内规划用于停放汽车的车位、车库的处分情况；（五）其他应当向业主公开的情况和资料。"业主享有知情权，有权要求物业公司公布物业服务合同、共有部分的使用和收益情况，物业公司应当予以公布。

《民法典》第943条规定："物业服务人应当定期将服务的

事项、负责人员、质量要求、收费项目、收费标准、履行情况，以及维修资金使用情况、业主共有部分的经营与收益情况等以合理方式向业主公开并向业主大会、业主委员会报告。”由此可见，法律明确规定了物业公司负有信息公开义务，物业公司应当定期将服务情况、收支情况等以合理方式向业主公开，并向业主大会、业主委员会报告。

17. 物业公司是否可以禁止业主安装防盗网？

有的小区为了不影响楼房外部美观，会禁止业主安装防盗网。根据《民法典》第 272 条规定：“业主对其建筑物专有部分享有占有、使用、收益和处分的权利。业主行使权利不得危及建筑物的安全，不得损害其他业主的合法权益。”也就是说，业主可以为了安全的需要对门窗等专有部分进行管理，例如在窗户上安装防护、防盗装置。只要业主安装防盗网的行为没有危及建筑物的安全，也没有损害其他业主合法权益，物业公司不应当干涉。

但是，根据《物业管理条例》第 17 条规定：“管理规约应当对有关物业的使用、维护、管理，业主的共同利益，业主应当履行的义务，违反管理规约应当承担的责任等事项依法作出约定。管理规约应当尊重社会公德，不得违反法律、法规或者损害社会公共利益。管理规约对全体业主具有约束力。”如果管理规约明确约定业主应统一外墙外观，禁止安装防盗网，那么业主理应遵守管理规约的约定，此时，物业公司有权按管理规约的约定，制止业主安装防盗网的行为。

根据《物业管理条例》第45条规定：“对物业管理区域内违反有关治安、环保、物业装饰装修和使用等方面法律、法规规定的行为，物业服务企业应当制止，并及时向有关行政管理部门报告。有关行政管理部门在接到物业服务企业的报告后，应当依法对违法行为予以制止或者依法处理。”若业主不当安装防盗网，装修行为违反法律、法规的，则物业公司有权制止，并且应当及时向有关行政管理部门报告。

18. 业主是否有权要求查看小区公共区域内的监控视频？

为了小区的安全与方便管理，现在许多小区都会在公共区域装有监控设备。小区内安装的监控通常设置在公共区域，如小区的进出口、停车场、公共娱乐设施区域等。监控设备可以起到震慑作用，随时监控，当有突发事件时可及时取证。小区公共区域的“监控”一般不会涉及业主的个人隐私，不会侵犯业主的隐私权。

对于这些公共区域的监控，很多业主平时并不留心，而当业主出现财物损害、丢失等情况，想要借助监控视频查明真相时，才发现查看监控视频并非一件容易的事情。业主李某停放在小区的爱车被刮花了，于是向物业公司提出查看停车场的监控视频的要求，却被物业公司以“警察来了才能看”为由拒绝。那么，李先生是否有权要求查看小区公共区域内的监控视频呢？

《物业管理条例》第 6 条规定：“房屋的所有权人为业主。业主在物业管理活动中，享有下列权利：（一）按照物业服务合同的约定，接受物业服务企业提供的服务；（二）提议召开业主大会会议，并就物业管理的有关事项提出建议；（三）提出制定和修改管理规约、业主大会议事规则的建议；（四）参加业主大会会议，行使投票权；（五）选举业主委员会成员，并享有被选举权；（六）监督业主委员会的工作；（七）监督物业服务企业履行物业服务合同；（八）对物业共用部位、共用设施设备和相关场地使用情况享有知情权和监督权；（九）监督物业共用部位、共用设施设备专项维修资金（以下简称专项维修资金）的管理和使用；（十）法律、法规规定的其他权利。”

由此可见，业主对共用设施设备的使用享有知情权和监督权，如果小区内原本就配套有监控设备，属于业主共有的，基于业主知情权，李某可以在合理范围内查看相关的监控视频。

此外，根据《民法典》第 942 条规定：“物业服务人应当按照约定和物业的使用性质，妥善维修、养护、清洁、绿化和经营管理物业服务区域内的业主共有部分，维护物业服务区域内的基本秩序，采取合理措施保护业主的人身、财产安全。对物业服务区域内违反有关治安、环保、消防等法律法规的行为，物业服务人应当及时采取合理措施制止、向有关行政主管部门报告并协助处理。”当小区内发生违反治安等法律法规的事件，如业主财物被损害、被盗，物业公司应当采取合理措施，协助业主进行报警等，并配合警察调查，如提供监控视频、进出登记表等。

19. 物业公司将部分服务事项转委托给第三方后，是否还需要对业主负责？

《物业管理条例》第39条规定：“物业服务企业可以将物业管理区域内的专项服务业务委托给专业性服务企业，但不得将该区域内的全部物业管理一并委托给他人。”因此，法律禁止物业公司将小区内全部物业管理服务一并委托给他人，但法律并不禁止物业公司将小区内部分专项服务委托给他人。也就是说，物业公司可以将部分服务事项转委托给专业性服务企业，如物业公司可将小区内的安保、清洁服务转委托给专门的保安、保洁公司。

《民法典》第941条规定：“物业服务人将物业服务区域内

的部分专项服务事项委托给专业性服务组织或者其他第三人的，应当就该部分专项服务事项向业主负责。物业服务人不得将其应当提供的全部物业服务转委托给第三人，或者将全部物业服务支解后分别转委托给第三人。”

从上述规定可知，物业公司将部分专项服务事项转委托给他人之后，并不意味着物业公司就可以做“甩手掌柜”，物业公司还应就该部分专项服务事项向业主负责。也就是说，物业管理公司将自己的专项服务业务转委托给其他专业性公司后，并不能免除自己根据原物业服务合同对业主应承担的责任和义务。如果受委托的专业性公司的服务达不到原物业服务合同规定的标准和要求，那么物业公司应当对业主承担违约责任。

20. 物业公司可以改变小区公共设施、场所的原始用途吗？

物业管理区域内的公共设施、场所属于业主共有，物业公司未经业主同意不得擅自改变物业管理区域内公共设施、场所的原始用途。因此，物业公司如果想要改变小区公共设施、场所的原始用途，应当征询业主的意见。

《民法典》第 278 条规定，改变共有部分的用途或者利用共有部分从事经营活动，属于业主共同决定的事项，应当由专有部分面积占比三分之二以上的业主且人数占比三分之二以上的业主参与表决，并经参与表决专有部分面积四分之三以上的业主且参与表决人数四分之三以上的业主同意。

《民法典》设置了参与表决比例的要求，强调业主的表决参与度，若物业公司想要改变小区公共设施、场所的原始用途的，应当征询业主意见，需由专有部分面积占比三分之二以上的业主且人数占比三分之二以上的业主参与表决，表决的参与度比例方可达标。如果参与表决的业主中，有专有部分面积四分之三以上的业主且参与表决人数四分之三以上的业主同意的，那么物业公司可以改变小区公共设施、场所的原始用途。

21. 物业公司未及时响应业主报修，给业主造成了损失，需要承担责任吗?

《物业管理条例》第35条规定："物业服务企业应当按照物业服务合同的约定，提供相应的服务。物业服务企业未能履行物业服务合同的约定，导致业主人身、财产安全受到损害的，应当依法承担相应的法律责任。"物业服务合同通常会对物业公司服务的具体事项进行约定，物业公司应当按照约定全面履行自己的义务，如果物业公司没有依约履行合同造成了业主损失，应当承担赔偿责任。

小区业主报修属于物业公司服务范围的事项，应当及时跟进处理。《最高人民法院关于审理物业服务纠纷案件具体应用法律若干问题的解释》第3条规定："物业服务企业不履行或者不完全履行物业服务合同约定的或者法律、法规规定以及相关行业规范确定的维修、养护、管理和维护义务，业主请求物业服务企业承担继续履行、采取补救措施或者赔偿损失等违约责任的，人民法院应予支持。物业服务企业公开作出的服务承诺及制定的服务细则，应当认定为物业服务合同的组成部分。"对属于物业维修服务范围的报修事项，若物业公司在业主已经及时报修的情况下，无故拖延，给业主造成了损失，应当依法承担相应的法律责任。

22. 高空抛物伤人，应该由谁担责？

高空抛物一直以来都被称为"悬在城市上空的痛"。近年来，高空抛物造成他人损害的现象屡屡发生。2000年，全国高空抛物第一案的当事人郝某在自家楼下被烟灰缸砸中，差点变成了植物人。因为无法确定烟灰缸是从哪一层哪一户抛下的，郝某的妻子将具有抛掷嫌疑的22户邻居一齐告上法庭，最终法院判决22户居民共同赔偿郝某的损失。

为避免高空抛物事件的发生，并明确高空抛物伤人的责任承担，《民法典》对此作出了明确规定。《民法典》第1254条规定：

“禁止从建筑物中抛掷物品。从建筑物中抛掷物品或者从建筑物上坠落的物品造成他人损害的，由侵权人依法承担侵权责任；经调查难以确定具体侵权人的，除能够证明自己不是侵权人的外，由可能加害的建筑物使用人给予补偿。可能加害的建筑物使用人补偿后，有权向侵权人追偿。物业服务企业等建筑物管理人应当采取必要的安全保障措施防止前款规定情形的发生；未采取必要的安全保障措施的，应当依法承担未履行安全保障义务的侵权责任。发生本条第一款规定的情形的，公安等机关应当依法及时调查，查清责任人。”

该条规定明确禁止任何人从建筑物中抛掷物品，若高空抛物造成他人损害的，侵权人即抛物者应当承担侵权责任。同时，该条规定也明确规定了在无法确定具体侵权人的情况下该如何分配责任的问题。若具体侵权人难以确定的，除了能够证明自己不是侵权人的，应当由有可能实施加害行为的建筑物使用人共同承担。

也就是说，若高空抛物伤人，已知物品由A栋楼抛出，但无法确定具体的抛物人，此时，A栋楼的全体住户均有“作案”嫌疑，因此，责任由全体住户一起承担。若此时，A栋楼某个住户可证明自己的“清白”，如提供相应证据，证明案发时，自己并不在A栋楼居住，则该住户可免于承担赔偿责任。

根据《民法典》的规定，当A栋楼的全体住户共同承担侵权赔偿责任后，又查明了真正的侵权人，先行赔付的业主们可以向实际侵权人追偿。

此外，《民法典》也明确规定了物业公司的相关责任，若物业公司没有采取合理的安全保障措施防范高空抛物事件的发生，应当依法承担未履行安全保障义务的侵权责任。物业公司在日常管理中，应提升服务、加强管理，可通过监控设备对公共区域抛物行为进行监控，以便于在侵权事件发生后及时查明真相。另外，物业公司可在小区采取宣传引导、张贴标语等方式对住户进行引导，防范高空抛物行为。当小区内发生高空抛物伤人事件后，物业公司应当协助救治伤者，并及时报告相关部门，保护好现场，协助有关机构进行调查。

23. 业主在楼顶种菜，物业公司该怎么管？

住在顶层的业主私自在楼顶种菜，又疏于打理，引来了不少蚊虫，给居住环境造成了不良影响，这种行为极易引发邻里纠纷。若物业公司不能妥善处理，还会引发其他业主对物业公司的不满，影响小区内部的和谐关系。

根据《最高人民法院关于审理建筑物区分所有权纠纷案件具体应用法律若干问题的解释》第3条规定："除法律、行政法规规定的共有部分外，建筑区划内的以下部分，也应当认定为物权法第六章所称的共有部分：（一）建筑物的基础、承重结构、外墙、屋顶等基本结构部分，通道、楼梯、大堂等公共通行部分，消防、公共照明等附属设施、设备，避难层、设备层或者设备间等结构部分；（二）其他不属于业主专有部分，也不属于市政公用部分或者其他权利人所有的场所及设施等。建筑区划内的土地，依法由业主共同享有建设用地使用权，但属于业主专有的整栋建筑物的规划占地或者城镇公共道路、绿地占地除外。”小区楼顶的区域属于整栋楼所有业主共同共有，并不是最顶层楼业主的专有部分。

根据《民法典》第271条规定：“业主对建筑物内的住宅、经营性用房等专有部分享有所有权，对专有部分以外的共有部分享有共有和共同管理的权利。”楼顶是共有部分，应由全体业主共同管理。顶层业主长期利用楼顶种菜，应该经过全楼业主的同意，否则，顶层业主没有权力擅自占用楼顶种菜。由于个别业主在屋顶种菜不属于屋顶绿化，涉嫌侵害其他业主的共有权益，其他业主有权投诉举报。而物业公司作为小区公共区域的管理者，有权利也有义务对“楼顶种菜”的现象进行管理。

物业公司在接到业主对“楼顶种菜”的投诉时，要及时进行调查，查明事实后，劝说涉事业主停止楼顶种菜的不当行为，以免造成更大的邻里矛盾。物业公司可以通过拍照、录像等方式对楼顶种菜的现场进行取证，并通过发送书面告知函的方式明确告知业主应在规定的期限内处理掉种植的蔬菜，否则将通过法律途径制止其侵权行为。

如果小区已成立业主委员会的，物业公司也可将相关的情况上报业主委员会，由业主委员会决定处理方式，以此促使其配合撤走蔬菜。此外，物业公司还可以建议其他业主向法院起诉，通过法律途径维护自身合法权益。

24. 物业公司有义务为业主代收快递吗？

很多人习惯在网上购物，可当快递送达的时候经常会遇到收件人不在家无法立即签收的情况，有的业主会随口让快递员先将快递放在物业公司处，通常，物业公司也会预留一块区域用于暂时存放业主的快递，那么，这是否意味着物业公司有义务为业主代收快递？

根据《物业管理条例》第 34 条第 2 款的规定："物业服务合同应当对物业管理事项、服务质量、服务费用、双方的权利义务、专项维修资金的管理与使用、物业管理用房、合同期限、违约责任等内容进行约定。"第 35 条第 1 款规定："物业服务企业应当按照物业服务合同的约定，提供相应的服务。"物业公司是按照物业服务合同约定的内容来为业主提供服务的，即物业公司的义务全部来自物业合同的约定。就此而言，若业主与物业公司的物业服务合同中没有约定物业公司要为业主代为签收快递，则物业公司没有义务代为签收。如果物业公司在物业合同没有约定的情况下代业主签收了快递，此时物业公司对包裹负有无偿保管的责任。代签后的包裹由物业公司实际控制，物业公司需尽到一般注意义务，妥善保管，确保代收的包裹完好无损。

根据《民法典》第 897 条规定："保管期内，因保管人保管不善造成保管物毁损、灭失的，保管人应当承担赔偿责任。但是，无偿保管人证明自己没有故意或者重大过失的，不承担赔偿责任。"也就是说，物业公司代业主签收快递是无偿的，物业公司是无偿保管人。因此，物业公司在无偿代收快递过程中，不存在故意或重大过失的，那么即便业主的包裹丢失损毁，物业公司也不需要对此进行赔偿。

反过来说，如果物业公司在代收快递的过程中存在过错，例如，物业公司代为收取了业主的快递，并随意将快递放在大门口，导致业主快递丢失，此时，物业公司因存在过错，需要对业主快递的丢失承担赔偿责任。

代收快递并非物业公司必须提供的服务，也并非物业公司的义务，若物业公司为业主提供无偿代收快递服务，则需注意将快递放置在指定的存放区域，妥善保管，避免快递丢失损毁。随着快递柜的普及，物业公司可在小区安装快递柜，以规避代为保管快递而带来的风险。

25. 物业公司可以禁止业主在小区内养狗吗?

近年来，随着生活质量的提高，越来越多的小区业主会饲养宠物，但宠物狗咬伤人的问题也频频出现。一旦小区内发生了宠物狗咬人的事件，受害者往往会一并将物业公司告上法庭，要求物业公司共同承担侵权的赔偿责任。为了杜绝此类事件的发生，作为小区管理者的物业公司，可以直接禁止业主在小区内养狗吗?

物业公司是根据物业服务合同约定的内容，为小区业主提供物业服务的企业，并非政府部门，不具有相应的执法权，没有权力禁止业主在小区内养狗。如果某小区实行禁止养狗的规定，那么应当是物业公司与业主协商一致的结果。对于小区内业主养狗的事宜，物业公司虽无权禁止，但应尽到合理限度内的管理义务。

那么，物业公司可以采取什么措施来对小区的养狗事宜进行管理呢?一方面，物业公司可以积极宣传有关部门对业主在小区内养狗的规定，通过在公告栏张贴告示、在业主微信群中发布通知等方式对业主进行“养狗温馨提示”，明确小区内养狗的要求与规定。物业公司可以提醒养狗的业主在遛狗的时候需用犬绳牵领宠物狗以防止狗咬伤人，提醒业主定期给宠物狗注射疫苗等，以此规范业主的养狗行为。另一方面，根据《物业管理条例》第45条第1款的规定："对物业管理区域内违反有关治安、环保、物业装饰装修和使用等方面法律、法规规定的行为，物业服务企业应当制止，并及时向有关行政管理部门报告。"《民法典》第942条规定："物业服务人应当按照约定和物业的使用性质，妥善维修、养护、清洁、绿化和经营管理物业服务区域内的业主共有部分，维护物业服务区域内的基本秩序，采取合理措施保护业主的人身、财产安全。对物业服务区域内违反有关治安、环保、消防等法律法规的行为，物业服务人应当及时采取合理措施制止、向有关行政主管部门报告并协助处理。"当小区内发生不文明养狗行为，如养狗未登记、狗吠扰民、狗便未及时清理以及未牵犬绳造成的惊吓或伤人等事件时，物业公司可采取合理措施制止并及时向有关行政管理部门报告，让有关部门对饲养动物者的违法行为进行惩治。

26. 物业公司可以在小区内装隔离桩吗？

为了解决"人车分流"、规范业主停车等问题，有的物业公司会通过在小区范围内设置隔离桩的方式来加强对小区的管理。然而，设置隔离桩存在一定的安全隐患，如影响通行、堵塞道路、造成交通事故等，生活中也经常会发生居民被增设的隔离桩绊倒受伤、骑电动车撞到隔离桩受伤等情况。

根据《物业管理条例》第 50 条第 2 款的规定:“因维修物业或者公共利益,业主确需临时占用、挖掘道路、场地的,应当征得业主委员会和物业服务企业的同意;物业服务企业确需临时占用、挖掘道路、场地的,应当征得业主委员会的同意。”物业公司想要在小区公共区域范围内安装隔离桩需经业主委员会的同意,如果小区尚未成立业委会的,则应当征得业主的同意。

根据《消防法》第 28 条规定:“任何单位、个人不得损坏、挪用或者擅自拆除、停用消防设施、器材,不得埋压、圈占、遮挡消火栓或者占用防火间距,不得占用、堵塞、封闭疏散通道、安全出口、消防车通道。人员密集场所的门窗不得设置影响逃生和灭火救援的障碍物。”若小区设置隔离桩,还需要注意不得占用、堵塞消防通道,影响消防车辆的通行。物业公司在安排隔离桩的安防位置时,也要充分规划好路线,在不影响日常通行的情况下,也要保障紧急情况下的畅通。

物业公司依法安装了隔离桩后,就对隔离桩负有管理的责任。物业公司应当对隔离桩采用醒目的颜色标注、进行反光贴的装饰以及进行相关的指示说明等,提醒业主注意通行安全。物业公司在安装好隔离桩后,还应当向业主履行告知义务,告知业主小区内设置隔离桩的位置,以及发生紧急事件时车辆及行人可选择的最快通行路线。如果物业公司未尽到相应的安全提醒义务，物业公司需要根据过错程度承担一定的责任。

27. 物业公司该怎么管理小区内的井盖？

意外事件的发生通常是毫无预兆的，但也有许多意外事件的发生是本可以避免的。在日常生活中，我们会看到路面上有大大小小的窨井，窨井平时并不起眼，但如果因为监管上的疏忽，导致井盖丢失或者破损，一旦没了井盖的防护，窨井就有可能危及业主的生命健康。

杭州一对年轻夫妻开车回家，丈夫把车停在了小区绿化带之间的空地上，怀孕 7 个月的妻子下车刚走一步，整个人就坠入一口未盖好的窨井内。发现妻子坠井后丈夫立即跳入井内施救，但由于井内太黑，水位较深，丈夫没能及时找到妻子。报警后，消防员紧急赶到现场实施营救，将妻子救出窨井，送往医院急救，但最终妻子由于抢救无效死亡。事故发生后，受害人的亲属陷入巨大的悲痛之中。

经过公安机关的调查，确认了事故起因与窨井井盖使用不规范有关，窨井并非采用正规的窨井盖，而是草坪井，因承重能力有限导致此次事故。施工方将本应用于草坪的草坪井用于道路上，存在过错，应该承担主要责任。作为物业公司，负有管理小区的义务，未能及时发现并消除小区内井盖存在的安全隐患，没有及时做好安全检查，也难辞其咎。

根据《住房和城乡建设部关于进一步加强城市窨井盖安全管理的通知》第 3 条规定："落实井盖管理责任主体。按照'谁所有、谁负责'的原则，认真落实井盖的维修、养护和管理责任。所有权人、管理人、使用人之间有约定管理责任的，由约定的责任人负责维修、养护管理。城市供水、排水、燃气、热力、房产（物业）、电力、电信、广播电视等井盖主管部门（管理单位）要按照各自职责，承担各自井盖的管理责任，落实井盖安全管理的各项管理制度。"物业公司作为小区的管理者，对物业服务区域内的井盖设施负有维护和管理的责任，物业公司因管理不当导致小区内业主人身或财产受损的，可能会面临承担相应的法律责任的风险。因此，物业公司应当在住建局的指引下，做好物业服务区域内的巡查和维护管理的工作，在发现井盖缺损时，应当立即设置警示防护设施，并进行维护、维修。

28. 物业公司垫付的电梯维修费能向业主追讨吗？

根据《住宅专项维修资金管理办法》第 18 条规定："住宅专项维修资金应当专项用于住宅共用部位、共用设施设备保修期满后的维修和更新、改造，不得挪作他用。"一般情况下，当电梯损坏需要维修时，物业公司应当按照规定，提出维修方案，并将有关情况上报至业主大会、业主委员会，经业主大会通过方案后，联系有资质的电梯维修公司来处理，维修费用由住宅专项维修资金转至电梯维修公司。

根据《民法典》第273条第1款规定："业主对建筑物专有部分以外的共有部分，享有权利，承担义务；不得以放弃权利为由不履行义务。"《民法典》第283条规定："建筑物及其附属设施的费用分摊、收益分配等事项，有约定的，按照约定；没有约定或者约定不明确的，按照业主专有部分面积所占比例确定。"由于电梯属于公共设施，归全体业主共有，全体业主对电梯亦负有维护义务。因此，小区电梯大修或更换，若无专项维修资金，小区电梯维修费用应由业主来支付。业主们对维修费用的分摊有约定的，则按照约定；若无约定或约定不明的，则由业主根据其享有的专有部分占建筑物总面积的比例确定承担范围。如果物业公司先行向电梯公司支付了维修费用，物业公司可以就这部分费用向业主追讨。

29. 物业公司有义务及时维修小区的公共设施吗？

物业公司是小区的管理者，应对小区内的公共设施承担保养、维护的义务，当小区内公共设施出现损坏，物业公司理应及时进行维修。《最高人民法院关于审理物业服务纠纷案件具体应用法律若干问题的解释》第 3 条规定："物业服务企业不履行或者不完全履行物业服务合同约定的或者法律、法规规定以及相关行业规范确定的维修、养护、管理和维护义务，业主请求物业服务企业承担继续履行、采取补救措施或者赔偿损失等违约责任的，人民法院应予支持。物业服务企业公开作出的服务承诺及制定的服务细则，应当认定为物业服务合同的组成部分。"物业公司应当全面履行物业服务合同约定的或者法律、法规规定以及相关行业规范确定的维修、养护、管理和维护义务，如果物业公司不及时维修，业主可以向法院提起诉讼。

在日常管理中，物业公司应该定期对小区公共设施进行检查，发现公共设施存在安全隐患或损坏的要及时安排维修，并对业主进行安全提示，以免业主在不知情的情况下因使用存在安全隐患或损坏的公共设施而受到伤害。物业公司还应特别注意小区内具有特定功能的公共设施，如消防设备设施，做好日常养护、维修工作，避免在关键时刻因设备故障造成业主财产、人身损害。

30. 物业公司可以制止小区业主违规装修吗?

《物业管理条例》第 52 条规定："业主需要装饰装修房屋的，应当事先告知物业服务企业。物业服务企业应当将房屋装饰装修中的禁止行为和注意事项告知业主。”《民法典》第945条也规定，业主装饰装修房屋的，应当事先告知物业公司，遵守物业公司提示的合理注意事项，并配合其进行必要的现场检查。

基于此，物业公司有权对业主的装修行为进行合理的监督管理，业主装修房屋应当告知物业公司，物业公司应尽到提示义务，告知业主装修中的禁止行为和注意事项，并对业主的装修行为进行必要的现场检查。

《物业管理条例》第45条规定：“对物业管理区域内违反有关治安、环保、物业装饰装修和使用等方面法律、法规规定的行为，物业服务企业应当制止，并及时向有关行政管理部门报告。有关行政管理部门在接到物业服务企业的报告后，应当依法对违法行为予以制止或者依法处理。”因此，物业公司有权对业主违规装修的行为进行制止，并报告有关行政管理部门，由有关行政管理部门对业主的违法行为进行处理。

31. 物业公司可以强行收取装修押金吗？

《民法典》第240条规定：“所有权人对自己的不动产或者动产，依法享有占有、使用、收益和处分的权利。”因此，业主是房屋的所有权人，有权按照自己的意愿对房屋进行装饰装修。

但是，房屋属于不动产，其改造、使用等有严格的规范要求，房屋所有权人的装饰装修行为应当符合法律规定。

《物业管理条例》第52条、《民法典》第945条均要求业主装修时应当告知物业公司。物业公司则应当尽到装修管理义务，将装修中的禁止行为和注意事项告知业主。实践中，物业公司一般要求业主签订装修协议书，以此规范业主的装修行为，告知业主禁止事项。有些物业公司会要求业主交纳装修押金，如果装修完毕，业主没有违规行为的，则将装修押金退还。若业主拒绝交纳装修押金的，则物业公司将不准许业主进行装修。

《民法典》第5条规定："民事主体从事民事活动，应当遵循自愿原则，按照自己的意思设立、变更、终止民事法律关系。"从法律的角度而言，是否要交纳装修押金，应当是业主和物业公司协商一致达成的结果，物业公司没有权力强行要求业主交纳装修押金。

法律赋予了物业公司对业主装修行为的管理权，因此，业主装修行为违规的，物业公司可以及时制止，并向有关部门进行报告。但物业公司无权强行收取装修押金，若业主拒绝交纳装修押金的，物业公司不得阻止装修，这样属于侵犯业主的合法权益。

32. 业主可以私自改建自家的下水管道吗?

每家每户在日常生活中都需要排放污水，而下水管道顺畅是顺利排放污水的重要条件。现实生活中，有的业主因下水管道时常堵塞，便将自家的下水管道进行改建。例如，业主宋某居住在老旧小区，居民所使用的下水管道因年久失修经常发生堵塞，于是，当厨房的下水管道又一次堵塞的时候，宋某便私自将原本与地面污水井相连的下水管道改到外面，将污水直接排到地面上。宋某的这种行为，不仅严重污染了周边环境，也给邻居的生活带来了不利的影响。

《民法典》第296条规定:“不动产权利人因用水、排水、通行、铺设管线等利用相邻不动产的，应当尽量避免对相邻的不动产权利人造成损害。”因此，宋某自己家的下水管道发生堵塞时，应当及时进行修理，而不能将自家下水管道进行私改，直接将污水排放到地面上，宋某的行为是法律所不允许的。

《民法典》第286条第2款规定:“业主大会或者业主委员会，对任意弃置垃圾、排放污染物或者噪声、违反规定饲养动物、违章搭建、侵占通道、拒付物业费等损害他人合法权益的行为，有权依照法律、法规以及管理规约，请求行为人停止侵害、排除妨碍、消除危险、恢复原状、赔偿损失。”因此，针对有的业主私改下水管道损害他人合法权益的行为，业主大会或是业主委员会可依照法律法规以及管理规约，要求该业主承担停止侵害、排除妨碍以及赔偿损失等法律责任。此外，根据《民法典》第287条规定："业主对建设单位、物业服务企业或者其他管理人以及其他业主侵害自己合法权益的行为，有权请求其承担民事责任。"业主也可以对侵害自己合法权益的行为直接向法院提起诉讼，要求侵权行为人承担停止侵害、赔偿损失等法律责任。

33. 业主可以封闭自家阳台吗？

专有部分具有构造上的独立性，能够明确区分，且具有使用上的独立性，可以排他使用。阳台在规划上专属于特定房屋，且在开发商销售的时候就已经根据规划列入该特定房屋买卖合同中，归特定的业主所有，应属于业主的专有部分。

《民法典》第271条规定："业主对建筑物内的住宅、经营性用房等专有部分享有所有权，对专有部分以外的共有部分享有共有和共同管理的权利。"第272条规定："业主对其建筑物专有部分享有占有、使用、收益和处分的权利。业主行使权利不得危及建筑物的安全，不得损害其他业主的合法权益。"业主对阳台享有所有权，有权对阳台进行合理的使用、处分，目前我国并未有法律明确禁止业主封闭阳台的行为，因此，业主可以合理封闭自家阳台，但需注意符合法律规定，不得危及建筑物的安全或损害其他业主的合法权益。

例如，业主入住房屋后发现阳台挑檐过窄，每逢暴雨、台风天气，积水严重，且晾晒衣物时常被风吹落，于是业主在阳台上加装了玻璃窗，此种封闭阳台的行为，目的在于提高生活质量，是法律所允许的。

34. 物业公司可以采取停水停电的措施迫使业主停止违规装修行为吗？

叶先生购买了一套新房屋，请了专业的施工队进行设计装修。装修过程中，物业公司发现叶先生企图敲掉一面承重墙，急忙劝阻，但叶先生不予理会。于是，物业公司停止了对叶先生房屋的水电供应，导致叶先生不得不停止装修工程。那么，物业公司的此种做法是否合法呢？物业公司对小区内业主的装修行为负有监督管理的义务，如果业主有私自加盖阳台，增开入户门等违规装修行为，物业公司在劝告无果的情况下，可以对业主采取停水停电的措施来迫使业主停止违规行为吗？

物业公司并非有相应职权的行政部门，无权对业主的违规装修行为采取停水停电的措施。业主在用水用电方面是与供电、供水公司形成的合同关系，只有供水供电公司有权依彼此合同的约定对业主的违约行为采取停水停电的措施。因此，在上述案例中，物业公司采取停水停电的方式迫使叶先生停止装修，存在不当，有违其作为物业公司的服务属性，而且若因停水停电给业主造成损失，还应当承担赔偿责任。

根据法律规定，业主对房屋进行装修需要事先告知物业公司。业主装修需符合有关约定和法律的规定，不占用、破坏业主共有的楼道、墙体等，不得侵害其他业主的合法权益。根据《民法典》第945条，业主装饰装修房屋的，应遵守物业公司提示的合理注意事项，并配合物业公司进行必要的现场检查。因此，物业公司有权对业主的装修行为进行管理，必要时还可以到现场检查，当物业公司发现业主存在不当装修行为时，可以对业主进行劝阻。根据《物业管理条例》第45条的规定："对物业管理区域内违反有关治安、环保、物业装饰装修和使用等方面法律、法规规定的行为，物业服务企业应当制止，并及时向有关行政管理部门报告。有关行政管理部门在接到物业服务企业的报告后，应当依法对违法行为予以制止或者依法处理。"如果业主未按相关规定进行装修，物业公司对于业主违规装修的行为有制止的义务，但物业公司需注意要采取适当的方式。

对于业主的违规装修行为，物业公司可以采取口头劝阻、书面温馨提示、下发整改通知书等方式劝阻业主，而不宜采取断水断电的方式。除采取制止措施外，物业公司还应当及时向有关行政部门报告，由有关行政部门对业主的违规装修行为进行处理。

35. 业主擅自搭建违章建筑，房产管理机关应该处罚业主还是物业公司？

违章建筑是指未经政府规划部门的审批，在规划区以外建设的房屋及设施，常见的违章建筑有私自搭建的地下室、阁楼以及阳光房等。一方面，业主擅自搭建的违章建筑严重影响了小区的外观；另一方面，侵犯了相邻业主的合法权益。那么，对于业主的此类行为，房产管理机关是应该处罚业主还是物业公司呢？

一般情况下，业主入住小区后需遵循业主共同制定的管理规约，并和物业公司签订物业管理服务协议，如果协议中有关装修管理的规定不违反法律及行政法规的强制性规定，业主都应当遵守。

根据《物业管理条例》第45条第1款的规定："对物业管理区域内违反有关治安、环保、物业装饰装修和使用等方面法律、法规规定的行为，物业服务企业应当制止，并及时向有关行政管理部门报告。"若业主违反相关管理与法律规定，擅自搭建违章建筑的，物业公司负有劝阻并向有关行政部门报告的义务。

根据《最高人民法院关于审理物业服务纠纷案件具体应用法律若干问题的解释》第 4 条规定："业主违反物业服务合同或者法律、法规、管理规约，实施妨害物业服务与管理的行为，物业服务企业请求业主承担恢复原状、停止侵害、排除妨害等相应民事责任的，人民法院应予支持。"若业主搭建违章建筑经物业公司劝阻无效，物业公司可以向法院起诉要求业主将违章建筑予以拆除，恢复原状。

由此可见，业主擅自搭建违章建筑，物业公司负有的是及时劝阻、报告的义务，业主作为过错方，应当自行承担相应的法律后果，也就是说，房产管理机关会根据法律规定处罚业主。

需要注意的是，物业公司并非行政执法部门，其无处罚业主违章搭建的权力。对于业主的违章搭建行为的处罚，须由行政机关依据有关法律规定进行，也可以由相邻业主或物业公司向法院起诉后，由法院依法强制执行，物业公司不宜强制拆除违章建筑。

36. 业主占用他人停车位，物业公司能否应车位权利人的要求进行锁车？

周某家住市区黄金地段，寸土寸金，尤其是停车位一位难求，为了方便停车，周某购买了小区停车位。可购买了停车位后，周某又遇到了新的烦恼，那就是他的停车位经常被他人抢占。一天，周某深夜下班回家，发现自己的车位又被他人占用了，周某十分生气，立刻通知了物业公司，要求物业公司锁车。于是物业公司将占用周某车位的车锁了起来。次日，车主开车时并没有发现车子被锁了，直接发动车辆企图开走，车锁卡在轮胎和底盘之间，导致轮胎磨损、保险杠变形。车主认为物业公司的锁车行为导致了他的车辆损坏，应当承担赔偿责任。那么，物业公司是否需要对此担责呢？

物业公司基于对小区的管理义务，有责任规范小区的车辆停放，当发现业主乱停私家车的行为时，应当采取合理的措施予以劝阻，但不宜采取锁车的方式来处理。物业公司与业主仅存在物业服务合同关系，物业公司无权进行锁车，物业公司的锁车行为有可能侵犯车主的物权。若因物业公司的锁车行为导致业主的车辆受到损坏，还要承担相应的赔偿责任。

实践中，业主车辆乱停乱放，擅自占用他人停车位，阻碍小区通道的现象屡屡发生。根据《民法典》第236条的规定："妨害物权或者可能妨害物权的，权利人可以请求排除妨害或者消除危险。"业主购买了车位，就享有车位的所有权，即能够对该车位进行占有、使用、收益和处分，他人不得随意占用。如果他人在未征得车位权利人允许的情况下，擅自占用权利人的车位，妨碍了车位权利人使用车位，车位权利人有权要求侵权人排除妨害。车位权利人还可以选择安装车位地锁来防止他人抢占车位。由于物业公司负有管理职责，理应加强车辆停放管理，尽到警示义务，发现业主乱停乱放要及时采取措施进行制止，并注意制止措施的合法性。

37. 业主违规改建房屋，物业公司能对业主进行罚款吗？

业主装修房屋需要事先告知物业公司，物业公司通常会要求业主签订装修协议，装修协议会约定业主装修工程的实施内容、装修实施期限、施工时间、废弃物清运、管理服务费等内容，除此之外，还会约定装修禁止行为、注意事项和违约责任等条款用以约束业主的装修行为，防止业主违规装修。如果业主违规改建房屋，物业公司可以对业主进行罚款吗？

罚款是行政处罚手段之一，是行政执法单位对违反行政法规的个人和单位给予的行政处罚。而物业公司并非行政执法单位，无权对业主的违规行为进行罚款处罚。因此，物业公司在发现业主违规装修时，只能根据物业服务合同或者管理规约及时予以劝阻、制止；劝阻、制止无效的，物业服务企业应当及时报告有关行政主管部门，有关部门应当及时依法处理。

根据《最高人民法院关于审理物业服务纠纷案件具体应用法律若干问题的解释》第4条的规定：“业主违反物业服务合同

或者法律、法规、管理规约，实施妨害物业服务与管理的行为，物业服务企业请求业主承担恢复原状、停止侵害、排除妨害等相应民事责任的，人民法院应予支持。”也就是说，业主在违反装修协议的情况下，应当承担恢复原状、停止侵害、排除妨害等法律责任，如果业主拒绝遵守相关装修规定，物业公司可以向法院提起诉讼。

38. 业主有权将顶层出租给他人使用吗？

许某是南明小区10号楼顶层的业主，他与通讯公司签订协议，将顶楼部分出租，并收取租金，通讯公司可以在顶楼部分设立GSM基站，其他业主得知此事后纷纷反对，认为在他们楼顶安装基站，可能存在辐射，有害身体健康。其他业主共同向法院起诉通讯公司，要求拆除建在顶层的基站及附属设施，排除妨害。

根据《民法典》第278条第8项规定，改变共有部分的用途或者利用共有部分从事经营活动的，应由业主共同决定。住宅楼的顶层部分是公共区域，属于业主共同所有，因此，顶层出租应由全体业主共同决定。设立基站及附属设施占用的区域是业主共有部分，单一业主是无法擅自决定将顶层出租给通讯公司使用的，这样的行为侵犯了其他业主的合法权益，应当承担排除妨害、赔偿损失等法律责任。业主对共有部分享有共有和共同管理的权利，有关共有和共同管理权利的重大事项要由业主共同决定。通讯公司需要在小区公共区域设置基站及附属设施的，应当事先征求业主同意，并依法支付使用费。对于通讯公司在小区共有部分建设基站的申请，物业公司应提前进行公示，征求广大业主意见，经过业主委员会和大多数业主的同意才能允许通讯公司安装基站。

39. 通讯公司在小区共有部分设立基站，场地使用费该由谁收取？

根据《民法典》第 299 条规定："共同共有人对共有的不动产或者动产共同享有所有权。"小区共有部分的所有权属于全体业主。根据《电信条例》第 46 条规定："基础电信业务经营者可以在民用建筑物上附挂电信线路或者设置小型天线、移动通信基站等公用电信设施，但是应当事先通知建筑物产权人或者使用人，并按照省、自治区、直辖市人民政府规定的标准向该建筑物的产权人或者其他权利人支付使用费。"小区顶层属于业主共有，基于共有部分所获得的收益也应当归属于全体业主。通讯公司在小区公用部分设立基站，交纳的场地使用费属于小区共有部分的收益，既然是小区共有部分的收益，应该归小区全体业主所有。

《民法典》第282条规定:“建设单位、物业服务企业或者其他管理人等利用业主的共有部分产生的收入,在扣除合理成本之后,属于业主共有。”物业公司征得业主、业委会的同意,将小区公共部分出租给通讯公司使用并收取租金的,物业公司应在扣除合理成本之后,将所得收益返还给业主。

40. 物业公司需要向业主公开物业服务情况吗?

物业公司的服务是面向全小区的,而非个人定制类型的服务,然而,每个人心中都有自己的衡量标准,业主“众口难调”往往令物业公司感到困扰。物业服务是否合格的评价需要依靠业主感知,因此,物业公司应该将物业服务情况向业主公示,做到公开透明,切实保障业主的知情权,也能避免业主对物业公司产生误解。

根据《民法典》第285条第1款规定:“物业服务企业或者其他管理人根据业主的委托,依照本法第三编有关物业服务合同的规定管理建筑区划内的建筑物及其附属设施,接受业主的监督,并及时答复业主对物业服务情况提出的询问。”物业公司是小区的管理者,其管理行为应该受到业主的监督。为了配合业主监督的权力,物业公司应当首先保障业主的知情权,及时答复业主对物业服务情况提出的询问。

《民法典》第 943 条规定，物业服务人应当定期将服务的事项、负责人员、质量要求、收费项目、收费标准、履行情况，以及维修资金使用情况、业主共有部分的经营与收益情况等以合理方式向业主公开并向业主大会、业主委员会报告。《民法典》以立法形式明确规定了物业公司的告知义务，物业公司应当采取合理方式向业主定期公开服务的事项、负责人员、质量要求、收费项目、收费标准、履行情况，以及维修资金使用情况、业主共有部分的经营与收益情况等，将物业服务情况向业主大会、业主委员会报告。

41. 物业公司能将在小区乱停放的共享单车挪走上锁吗?

无因管理，是指没有法定的或约定的义务，为避免他人利益受损失，自愿管理他人事务或为他人提供服务的行为。比如，收留迷路的儿童就是典型的无因管理，收留人并非儿童的监护人，也没有受儿童的父母所托，没有收留照顾儿童的义务，但收留人为了保障儿童的安全，自愿选择收留照顾迷路的儿童，这种行为就是无因管理。

若管理行为构成无因管理，管理人有权要求受益人偿付由此而支付的必要费用。也就是说，收留人收留离家迷路的儿童，给儿童提供了食宿，帮助儿童找寻父母，并送儿童回家后，收留人为此支出的餐费、交通费等可以要求儿童的父母予以偿付。

因小区内共享单车乱停放问题严重，物业公司统一收集了小区内200辆共享单车，将它们统一上锁，存放在地下车库内，并要求共享单车公司支付管理费。共享单车公司得知情况后，认为物业公司挪车上锁的行为是占有他人财物的违法行为，并不是无因管理，拒绝支付管理费用。那么，物业公司是否有权将小区乱停放的共享单车挪走上锁呢，这种行为是否构成无因管理？

共享单车车辆均有芯片，可以显示车辆骑行和停放的位置，共享单车公司会根据情况进行车辆回收、投放及清理。物业公司将共享单车清理、集中之后，用锁链固定存放于地下车库，却没有采取及时、有效的方式联系共享单车公司。物业公司挪车上锁的行为实质上限制了共享单车的使用，损害了共享单车公司的利益，存在不当。无因管理的立法目的在于既要保护每个人的自身事务不受不请自来的干预，又要鼓励社会形成相互帮助的良好社会风尚，简单来说，就是既要避免大家“多管闲事”又要鼓励大家“乐于助人”。因此，管理人应该要注意管理行为的恰当性，如果管理行为失当，不仅没有保护到他人的利益，甚至还损害了他人利益的，显然不为法律所提倡，更不能因此要求他人补偿管理费用。如上述物业公司挪车上锁的行为就存在不当，不构成无因管理，不仅得不到共享单车公司的“感谢”，也无权要求共享单车公司“付费”。

考虑到大部分停放在小区里的共享单车也可以为本小区居民所使用，因此，从为小区居民和业主提供便利的角度来讲，通过科学合理的手段管理小区内的共享单车停放秩序亦是物业公司不可推卸的义务。物业公司在处理小区共享单车乱停放问题时，可以及时通知共享单车使用人并与之友好沟通，协调处理，避免采取挪车上锁等较为激烈的措施。

42. 业主交纳了停车费，物业公司就必须对车辆的损毁丢失负责吗?

停车场的管理服务是大部分物业公司服务的主要内容之一，而停车场内车辆发生损毁、丢失等问题常引发车主与物业公司之间的纠纷。物业公司收取业主的停车费后，是否要对车辆的损毁丢失负责，关键在于物业公司与车主之间是什么法律关系。

如果物业公司与车主之间是场地使用关系，车主交纳停车费，只是为了有偿使用场地，那么，物业公司只要提供停车场场地给车主泊车并维持停车场秩序即可，无须对车辆的安全负责。如果物业公司与车主之间是保管关系，车主交纳停车费，是为了让物业公司承担保管义务的，那么，物业公司应该对车辆的安全负责。

根据《民法典》第888条规定，保管合同是保管人保管寄存人交付的保管物，并返还该物的合同。也就是说，如果物业公司与车主之间签订了保管合同的，车主将车辆交付给物业公司，物业公司应该妥善保管，然后“完璧归赵”。

根据《民法典》第897条规定：“保管期内，因保管人保管不善造成保管物毁损、灭失的，保管人应当承担赔偿责任。但是，无偿保管人证明自己没有故意或者重大过失的，不承担赔偿责任。”当物业公司基于保管合同向车主收取了停车费的，在车主停车期间，物业公司要妥善保管车辆，如果车辆发生了损毁、丢失，物业公司应该予以赔偿。

物业公司和车主可以通过具体的停车合同约定彼此的权利义务，明确彼此之间是场地使用关系或是保管关系。为减少纠纷产生，物业公司可以加强停车场管理，完善停车场监控设备设施，一旦有车辆损毁的事故发生，应当及时协助车主查明真相。

43. 电梯紧邻卧室，噪声超标怎么办？

袁某家住的房屋紧邻电梯，电梯设备直接设置于住宅客厅共用墙之上，为此，袁某饱受噪声困扰。袁某自行委托鉴定机构对房屋进行了环境质量监测，鉴定意见显示，该住宅噪声超标。袁某遂将开发商告上法院，要求开发商赔偿。开发商认为是袁某不当装修导致房屋隔音变差，住宅小区的电梯在设计、安装、验收等方面都是达标的。

根据《民法典》第1229条规定："因污染环境、破坏生态造成他人损害的，侵权人应当承担侵权责任。"噪声污染也属于环境污染的范畴，因开发商的过错给住户带来噪声污染的，开发商应当承担侵权赔偿责任。在上述案例中，虽然小区的电梯安装符合规定，但并不代表电梯的噪声是达标的，加上袁某提交的专业机构出具的鉴定意见显示住宅噪声超标，因此，开发商应该承担侵权赔偿责任。

对业主而言，若因饱受噪声污染想要维权，通常应当有相关的、合理的证据予以证明，不然就会难以得到法院的支持。所以在遇到电梯噪声扰民时，业主可先请有资质的检测机构进行检测，如检测结果显示电梯噪声确实超标，就会成为维权的有力证据。

对于开发商而言，想要令自己免责，也需要提供证据予以证明。若开发商认为自己无须承担侵权责任，应对不承担责任或者减轻责任的情形及其行为与损害之间不存在因果关系承担举证责任，也就是说，如果开发商认为自己无须承担责任的，则需要证明电梯的噪声是达标的。

44. 小区车位不够，可以占用消防车道停车吗？

消防车道，是指发生火灾时供消防车通行的道路，消防车道的设计有严格的标准规范。基于消防车道的特殊通途，消防车道是不允许停放社会车辆的，这也是为了在发生火灾时避免因道路堵塞而延误救火时机。

近年来，私家车越来越多，停车位日益紧张，一些没有购买车位的业主或来访人员将车辆直接停在消防专用通道上，这种做法是不可取的。业主将车辆违规停放在消防专用通道上，当发生火灾时，有可能因为业主擅自占用消防车道的行为，导致消防车无法通行，从而耽误消防队的救援工作。如果因为业主占用消防车道，导致火势蔓延，造成了他人人身、财产损害，该业主应该对受害人承担赔偿责任。业主将车辆停放在消防车道上，属于违反消防管理规定的行为。

根据《民法典》第 942 条规定：“物业服务人应当按照约定和物业的使用性质，妥善维修、养护、清洁、绿化和经营管理物业服务区域内的业主共有部分，维护物业服务区域内的基本秩序，采取合理措施保护业主的人身、财产安全。对物业服务区域内违反有关治安、环保、消防等法律法规的行为，物业服务人应当及时采取合理措施制止、向有关行政主管部门报告并协助处理。”物业公司对小区内违反消防管理规定的行为负有管理的责任，物业公司发现业主将车辆停放在消防车道时，应该及时劝阻业主，劝阻无效的应该及时报告相关部门。

《消防法》规定，住宅区的物业服务企业应当对管理区域内的共用消防设施进行维护管理，提供消防安全防范服务。对于占用、堵塞、封闭疏散通道、安全出口或者有其他妨碍安全疏散行为的，除了责令改正之外，可以对单位处以五千元以上五万元以下罚款；对个人处以警告或者五百元以下罚款；对于拒不改正的，可以进行强制执行，并且所需费用由违法行为人承担。可见，若个人或单位占用消防通道，除了被责令改正之外，还有可能面临行政罚款。

45. 业主入住后发现房屋存在质量问题，应该由物业公司还是开发商负责维修？

根据《最高人民法院关于审理商品房买卖合同纠纷案件适用法律若干问题的解释》第 13 条的规定：“因房屋质量问题严重影响正常居住使用，买受人请求解除合同和赔偿损失的，应予支持。交付使用的房屋存在质量问题，在保修期内，出卖人应当承担修复责任；出卖人拒绝修复或者在合理期限内拖延修复的，买受人可以自行或者委托他人修复。修复费用及修复期间造成的其他损失由出卖人承担。”购买房屋需要签订购房合同，购房合同对于买卖双方均具有约束力。当购房人买房后发现房屋存在严重质量问题，可以依据购房合同的约定，要求开发商承担相应的责任，购买人可以要求解除购房合同并让开发商赔偿损失。此外，购买期房都是有保修期的，如果在保修期内，业主发现房屋存在质量问题的，可以找开发商负责，要求开发商承担修复责任和相关费用。如果房屋已经超过保修期的，则开发商无须继续对质量问题负责。

物业公司并非房屋的卖家，无须对房屋的质量问题负责。基于物业公司的管理服务职能，物业公司应在物业服务范围内，对业主提供适当的帮助即可。当业主因房屋出现问题而报修时，物业公司要及时响应，协助业主联系专业人士上门检修。

46. 物业公司可以将小区空地划为停车位出租吗?

根据《民法典》第275条规定，占用业主共有的道路或者其他场地用于停放汽车的车位，属于业主共有。因此，物业公司无权擅自将小区空地划为停车位出租。

《物业管理条例》第49条规定：“物业管理区域内按照规划建设的公共建筑和共用设施，不得改变用途。业主依法确需改变公共建筑和共用设施用途的，应当在依法办理有关手续后告知物业服务企业；物业服务企业确需改变公共建筑和共用设施用途的，应当提请业主大会讨论决定同意后，由业主依法办理有关手续。”因此，若物业公司想要把小区空地划为停车位出租的，应当依法先行征求业主的意见。

此外，根据《民法典》第 282 条规定：“建设单位、物业服务企业或者其他管理人等利用业主的共有部分产生的收入，在扣除合理成本之后，属于业主共有。”因利用小区空地改造的停车位，属于业主共有，因此，车位出租所获得的收益也归业主所有，若物业公司代为收取了相应租金费用的，应当在扣除合理成本后返还业主。

47. 物业公司减半收取车辆保管费，还应对车辆损坏负全责吗？

南明小区的物业公司与业主签订车辆保管合同，约定物业公司对车辆负有保管义务，按月收取车辆保管费，实际上，物业公司仅按照约定费用的一半收取车辆保管费。那么，若物业公司保管不善，导致业主车辆受损，物业公司还需要对车辆损害后果负全责吗？

《民法典》第 892 条规定，保管人应当妥善保管保管物，因此，物业公司应当妥善保管业主停放的车辆，不能因人手不够、消极怠工等因素，就试图以减半收费的方式，对提供的服务打折扣，降低物业服务的质量。

《民法典》第 897 条规定：“保管期内，因保管人保管不善造成保管物毁损、灭失的，保管人应当承担赔偿责任。但是，无偿保管人证明自己没有故意或者重大过失的，不承担赔偿责任。”也就是说，物业公司怠于履行管理职责，给业主车辆造成损失的，应当承担赔偿责任，并不会因为物业公司减半收取了费用就只用承担一半的责任。

48. 疫情防控期间，物业公司可否对小区进行封闭式管理？

《传染病防治法》第 9 条规定：“国家支持和鼓励单位和个人参与传染病防治工作。各级人民政府应当完善有关制度，方便单位和个人参与防治传染病的宣传教育、疫情报告、志愿服务和捐赠活动。居民委员会、村民委员会应当组织居民、村民参与社区、农村的传染病预防与控制活动。”当疫情暴发，物业公司应该响应国家有关部门的疫情防控措施，协助居委会、村委会等做好预防与控制措施。

就 2020 年年初暴发的新型冠状病毒肺炎疫情来看，中国物业管理协会出台的《住宅物业管理区域新型冠状病毒肺炎疫情防控工作操作指引（试行）》对出入控制作出了规定，原则上拒绝非本小区业主或使用人及车辆进入物业管理区域（包括但不限于快递员、外卖员等），项目务必提前做好相关通知工作。快递公司、外卖等所配送的物品应送至指定存放区域进行临时存放，并通知客户自行领取；所有进入区域范围内的人员必须测量体温，超 37.3 度拒绝进入，并报告当地政府主管部门及居委会处理；应监控出入门岗的客户往来车辆和人员，并登记其外出行程、去向等。

各地也出台了相关的政策，如广州市、西安市、上海市均允许小区进行封闭式管理。《广州市防控新型冠状病毒感染的肺炎疫情工作指挥部关于进一步加强社区和农村疫情防控工作的通告（第 3 号）》第 2 条规定："所有居住小区（村）实施封闭管理。加强人员（车辆）出入管理，限制非本小区（村）业主、住户或使用人及车辆进入物业管理区域（包括但不限于快递员、外卖员等人群及其车辆）。快递公司、外卖等所配送的物品应送至指定区域集中存放管理，由客户自行领取。各出入口应设置防控卡点，居住人员须凭证出入，并进行体温监测，对体温超过 37.3 摄氏度者要求按照工作指引，主动配合做好医学观察等相关处置工作，并及时向居（村）委会报告。"

目前暂无法律明确规定疫情期间物业公司可以对小区实施封闭式管理，疫情防控期间是否可以对小区进行封闭式管理应当依据国家、地方出台的政策来判断。物业公司为了切断传染病的传播途径，可以加强车辆、人员出入的管理，为避免引发不必要的纠纷，物业公司应当做好相关提前通知，并以劝导、教育、筛查为主，尽量避免采取强制措施与业主发生冲突。

49. 疫情防控期间，物业公司有权披露确诊病例业主的个人信息吗？

根据《传染病防治法》第12条规定："在中华人民共和国领域内的一切单位和个人，必须接受疾病预防控制机构、医疗机构有关传染病的调查、检验、采集样本、隔离治疗等预防、控制措施，如实提供有关情况。疾病预防控制机构、医疗机构不得泄露涉及个人隐私的有关信息、资料。卫生行政部门以及其他有关部门、疾病预防控制机构和医疗机构因违法实施行政管理或者预防、控制措施，侵犯单位和个人合法权益的，有关单位和个人可以依法申请行政复议或者提起诉讼。"疾病预防控制机构、医疗机构不得泄露涉及个人隐私的有关信息、资料，就此而言，物业公司对获取的被隔离的人员信息也同样负有保密义务，不得对外披露该部分人员的信息，包括姓名、房号、身份证号码等。

小区物业公司披露确诊业主的具体信息的，存在侵犯个人隐私的风险。但是，物业服务区域及周边发生疫情后，物业公司应积极协助社区居委会和有关部门及时向业主和使用人通报疫情情况和下一步防控要求。物业公司通报的疫情信息必须真实准确、来源可靠，不得擅自捏造、传播不实疫情信息。

50. 疫情防控期间，小区业主不配合防控工作怎么办？

在疫情防控期间，物业公司为了切断传染病的传播途径，通常会加强车辆、人员出入的管理，如在2020年年初暴发的新型冠状病毒肺炎疫情，各小区倡议居民少出门，并对进出人员进行体温测量。如果小区业主不配合防控工作该怎么办呢？

根据《突发事件应对法》第66条规定，单位或者个人违反本法规定，不服从所在地人民政府及其有关部门发布的决定、命令或者不配合其依法采取的措施，构成违反治安管理行为的，由公安机关依法给予处罚。

物业公司加强管理是为了维护人民安全健康，全力以赴防控疫情，如果小区业主不配合工作，物业公司不宜直接采取强制手段，可通过规劝等方式提高业主对疫情防控的认识，促使业主配合疫情防控管理工作。同时，物业公司也要做好证据固定工作，如将业主拒绝配合工作的事实记录在案、录音录像等，以备后用。如果物业公司发现可疑情况，应及时报警并向有关部门进行上报。

51. 疫情防控期间，小区物业是否有权暂停公共服务？

依据《突发事件应对法》第45条规定："发布一级、二级警报，宣布进入预警期后，县级以上地方各级人民政府除采取本法第四十四条规定的措施外，还应当针对即将发生的突发事件的特点和可能造成的危害，采取下列一项或者多项措施：（一）责令应急救援队伍、负有特定职责的人员进入待命状态，并动员后备人员做好参加应急救援和处置工作的准备；（二）调集应急救援所需物资、设备、工具，准备应急设施和避难场所，并确保其处于良好状态、随时可以投入正常使用；（三）加强对重点单位、重要部位和重要基础设施的安全保卫，维护社会治安秩序；（四）采取必要措施，确保交通、通信、供水、排水、供电、供气、供热等公共设施的安全和正常运行；（五）及时向社会发布有关采取特定措施避免或者减轻危害的建议、劝告；（六）转移、疏散或者撤离易受突发事件危害的人员并予以妥善安置，转移重要财产；（七）关闭或者限制使用易受突发事件危害的场所，控制或者限制容易导致危害扩大的公共场所的活动；（八）法律、法规、规章规定的其他必要的防范性、保护性措施。”

《传染病防治法》第 42 条规定：“传染病暴发、流行时，县级以上地方人民政府应当立即组织力量，按照预防、控制预案进行防治，切断传染病的传播途径，必要时，报经上一级人民政府决定，可以采取下列紧急措施并予以公告：（一）限制或者停止集市、影剧院演出或者其他人群聚集的活动；（二）停工、停业、停课；（三）封闭或者封存被传染病病原体污染的公共饮用水源、食品以及相关物品；（四）控制或者扑杀染疫野生动物、家畜家禽；（五）封闭可能造成传染病扩散的场所。上级人民政府接到下级人民政府关于采取前款所列紧急措施的报告时，应当即时作出决定。紧急措施的解除，由原决定机关决定并宣布。”

从上述法律规定可见，当暴发传染病疫情时，为了防控疫情传播，法律允许采取限制或关闭容易导致疾病传播的公共场所。疫情防控期间，物业公司应相关部门号召，暂停儿童区域、会所、老人活动场所等人员聚集的场所服务，具有法律上的依据。

在 2020 年新型冠状病毒肺炎疫情期间，根据《住宅物业管理区域新型冠状病毒肺炎疫情防控工作操作指引（试行）》关于区域封闭管理的规定，住宅物业管理区域封闭管理要求包括但不限于关闭儿童区域、会所、老人活动场所等人员聚集的场所。

由此可见，物业公司暂停部分会导致人群聚集的公共服务是为国家和法律所倡导，也是为了疫情防控所需。

52. 疫情防控期间，商铺提出减免物业费申请，物业公司是否必须接受？

在2020年新型冠状病毒肺炎疫情期间，不少房东均不同程度地减免了租户的租金。基于此，部分商铺也向物业公司提出减免物业费的申请。然而，在疫情防控期间，商铺因无法正常营业，是否就理所当然可以要求减免物业费呢？

一方面，租金是基于租赁合同产生的，物业费是基于物业管理服务合同产生的，二者是两个不同的法律关系，即便租户从房东处获得了减免房租的福利，也不意味着物业费就应当减免。

另一方面，物业公司在疫情防控期间仍然坚持履行物业服务合同，其配合社区街道，对小区疫情防控起着举足轻重的作用，甚至可能因为购买公共防疫物资而扩大了支出，在此情况下，商铺也不宜拒交物业费。

此外，根据《最高人民法院关于审理物业服务纠纷案件具体应用法律若干问题的解释》第6条的规定，物业服务企业已经按照合同约定以及相关规定提供服务，业主仅以未享受或者无须接受相关物业服务为抗辩理由的，人民法院不予支持。物业公司依约提供了物业服务合同，商铺就应该按照标准足额交纳物业费。商铺不能因为未能正常营业，就主张无须接受物业公司的服务，进而要求减免物业费。对于商铺提出减免物业费的要求，物业公司并非必须接受。

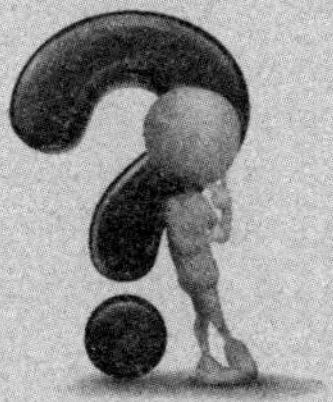

第三章

CHAPTER 3

业主的权利和义务

53. 业主享有哪些基本权利？

根据《民法典》第272条的规定："业主对其建筑物专有部分享有占有、使用、收益和处分的权利。业主行使权利不得危及建筑物的安全，不得损害其他业主的合法权益。"业主对自己购买的房屋享有所有权，可以对自有房屋进行占有、使用、收益和处分，如将自己的住宅出租收取租金、出售给他人等。

根据《民法典》第282条规定："建设单位、物业服务企业或者其他管理人等利用业主的共有部分产生的收入，在扣除合理成本之后，属于业主共有。"对于小区内的共有部分，如共有道路、共有设施等，业主享有共有权，当业主委员会或物业公司利用这些业主共有部分进行经营的，经营所得收入扣除成本后的收益应该归全体业主共有。

根据《物业管理条例》第6条规定："房屋的所有权人为业主。业主在物业管理活动中，享有下列权利：（一）按照物业服务合同的约定，接受物业服务企业提供的服务；（二）提议召开业主大会会议，并就物业管理的有关事项提出建议；（三）提出制定和修改管理规约、业主大会议事规则的建议；（四）参加业主大会会议，行使投票权；（五）选举业主委员会成员，并享有被选举权；（六）监督业主委员会的工作；（七）监督物业服务企业履行物业服务合同；（八）对物业共用部位、共用设施设备和相关场地使用情况享有知情权和监督权；（九）监督物业共用部位、共用设施设备专项维修资金（以下简称专项维修资金）的管理和使用；（十）法律、法规规定的其他权利。”业主作为房屋的所有权人，可以参与到小区的物业管理活动之中，如享受物业公司提供的服务、监督物业公司的工作、对小区决策事项行使投票权等。

54. 业主应当承担哪些基本义务？

权利和义务是相对等的。业主在享有法律赋予的权利的同时，也应当履行相应的义务。生活中，很多业主占用公共楼道摆放私人物品，在楼顶种菜等，这些侵犯其他业主的合法权益的行为都是不可取的，若业主的不当行为给其他业主造成了损失，应当予以赔偿。因此，业主需依法承担基本义务，避免做出违反合同约定以及法律法规规定的行为。

《物业管理条例》第 7 条规定：“业主在物业管理活动中，履行下列义务：（一）遵守管理规约、业主大会议事规则；（二）遵守物业管理区域内物业共用部位和共用设施设备的使用、公共秩序和环境卫生的维护等方面的规章制度；（三）执行业主大会的决定和业主大会授权业主委员会作出的决定；（四）按照国家有关规定交纳专项维修资金；（五）按时交纳物业费用；（六）法律、法规规定的其他义务。”《民法典》第286条规定：“业主应当遵守法律、法规以及管理规约，相关行为应当符合节约资源、保护生态环境的要求。对于物业服务企业或者其他管理人执行政府依法实施的应急处置措施和其他管理措施，业主应当依法予以配合。业主大会或者业主委员会，对任意弃置垃圾、排放污染物或者噪声、违反规定饲养动物、违章搭建、侵占通道、拒付物业费等损害他人合法权益的行为，有权依照法律、法规以及管理规约，请求行为人停止侵害、排除妨碍、消除危险、恢复原状、赔偿损失。业主或者其他行为人拒不履行相关义务的，有关当事人可以向有关行政主管部门报告或者投诉，有关行政主管部门应当依法处理。”

业主的义务主要包含了两大方面：一是需遵守相关的管理约定以及规章制度；二是交纳相关的费用，比如专项维修资金、物业费以及需分摊的费用等。业主若拒不履行相关义务，需要依法承担相应的法律责任。

55. 业主可以随意改建房屋吗？

刘某在花园小区买了一套新房，为了进行个性化装修，他将开发商设计的厨房与客房之间的墙体拆除，改建成了宽敞时尚的卫生间。赵某是住在刘某楼下的业主，入住后发现自家厨房上方竟然是刘某家里的卫生间，觉得十分不适。赵某做饭的时候，经常会听到楼上响起“咕嘟咕嘟”的马桶冲水声，十分影响心情。赵某一气之下，将刘某告上了法院，要求刘某将房屋恢复原状。

根据《民法典》第288条规定：“不动产的相邻权利人应当按照有利生产、方便生活、团结互助、公平合理的原则，正确处理相邻关系。”刘某的改建行为不能损害相邻业主赵某的合法权益。刘某将卫生间设置在赵某家的厨房之上，有悖于公序良俗，给赵某的生活和心理造成了一定的不良影响。此外，业主对房屋的装修或改建也并非毫无限制，业主装修或改建时不得随意变动建筑主体及承重结构，也不得将没有防水要求的房间或者阳台改为卫生间、厨房，刘某擅自拆除原厨房与客房的墙体并将之改造为卫生间，改变房屋的使用功能，违反住建部的相关规定。因此，刘某应当将房屋恢复原状。

物业公司对于业主的装修活动有监督与管理的权利和义务，物业公司要向业主告知装修注意事项和禁止事项。业主在装修的过程中，应该要遵守相关的装修规定。如果业主违规改建房屋，给相邻业主造成了影响，不仅影响邻里关系，还需要承担相应的法律责任，如将房屋恢复原状、赔偿相邻业主的损失。

此外，基于物业公司的管理职责，若业主违规改建房屋，物业公司会对业主进行劝阻，并报告相关部门，违规改建的业主还有可能受到相关部门的处罚。

56. 物业公司在履行物业服务合同时与业主行使权利发生冲突怎么办？

《民法典》第937条第1款规定：“物业服务合同是物业服务人在物业服务区域内，为业主提供建筑物及其附属设施的维修养护、环境卫生和相关秩序的管理维护等物业服务，业主支付物业费的合同。”物业服务是指业主通过选聘物业公司，由物业公司按照物业服务合同约定，对房屋及配套的设施设备和相关场地进行维修、养护、管理，维护物业管理区域内的环境卫生和相关秩序的活动。物业公司在履行对物业区域的管理职能或在为业主提供服务时，应避免对业主行使权利构成妨碍。

根据《民法典》第3条规定：“民事主体的人身权利、财产权利以及其他合法权益受法律保护，任何组织或者个人不得侵犯。”物业公司在履行物业服务合同时，应注意采取合理合法的措施，如果物业公司的行为存在过错，损害了业主合法权益的行使，有可能需要对业主进行侵权责任赔偿。

根据《民法典》第6条规定：“民事主体从事民事活动，应当遵循公平原则，合理确定各方的权利和义务。”如果物业公司履行物业管理服务合同的行为是为了全体或多数业主的利益而必须实施，在物业管理企业尽力后仍无法避免与个别业主权利冲突发生的情况下，少数受影响的业主应当给予配合、提供方便。如果少数业主因履行配合和方便义务而使利益遭受了损害，受益业主应该对受损业主进行合理的补偿，这也是符合公平原则的做法。

57. 建筑区划内哪些部分属于业主共有?

一个小区建筑往往是由许多部分组成的。业主们除了享有专有部分之外，还和其他业主共同享有建筑物的共有部分。那么建筑区划内的哪些部分是属于业主共有的呢?

根据《民法典》第274条规定："建筑区划内的道路，属于业主共有，但属于城镇公共道路的除外。建筑区划内的绿地，属于业主共有，但是属于城镇公共绿地或者明示属于个人的除外。建筑区划内的其他公共场所、公用设施和物业服务用房，属于业主共有。”一般情况下，建筑区划内的道路、绿地、公共场所、公用设施以及物业服务用房属于业主共有，业主对共有部分享有共同所有权和共同管理的权利。

另外，有关司法解释对业主的共有部分作出了详细的解释说明，《最高人民法院关于审理建筑物区分所有权纠纷案件具体应用法律若干问题的解释》第 3 条规定："除法律、行政法规规定的共有部分外，建筑区划内的以下部分，也应当认定为物权法第六章所称的共有部分：（一）建筑物的基础、承重结构、外墙、屋顶等基本结构部分，通道、楼梯、大堂等公共通行部分，消防、公共照明等附属设施、设备，避难层、设备层或者设备间等结构部分；（二）其他不属于业主专有部分，也不属于市政公用部分或者其他权利人所有的场所及设施等。建筑区划内的土地，依法由业主共同享有建设用地使用权，但属于业主专有的整栋建筑物的规划占地或者城镇公共道路、绿地占地除外。"也就是说，业主享有共有权的部分还包括建筑区划内的基本结构部分、公共通行部分、避难层、设备层或者设备间等结构部分。

58. 业主将房屋出售需要告知物业公司吗？

业主将房屋出售的，应当向物业公司履行告知义务，并与新业主一起配合物业公司办理相关变更手续等事宜，此后，原业主与物业公司之间的物业服务合同关系解除，新业主与物业公司之间建立物业服务合同关系，由新业主履行交纳物业费的义务。

《民法典》第 945 条第 2 款规定："业主转让、出租物业专有部分、设立居住权或者依法改变共有部分用途的，应当及时将相关情况告知物业服务人。”也就是说，业主将自有房屋出售的，应该告知物业公司。此外，部分地区也明确规定了业主的告知义务。例如，《广东省物业管理条例》第57条规定：“业主转让或者出租物业时，应当将管理规约内容、物业费用标准等事项告知受让人或者承租人，并自物业转让合同或者租赁合同签订之日起十五日内，将物业转让或者出租情况告知业主委员会和物业服务企业。”《北京市物业管理办法》第38条第1款规定：“业主转让或者出租物业时，应当将管理规约、物业服务合同、有关费用交纳情况等事项告知受让人或者承租人，并自买卖合同或者租赁合同签订之日起15日内，将买卖或者出租情况告知物业服务企业。”

59. 架空层设置车位影响业主出行安全，可以要求物业移除吗？

物业公司为解决小区停车难的问题，在业主谢某所居住的房屋架空层划定了停车位并出租。谢某认为物业公司的此项规划对自己的出行安全造成隐患，在与物业公司沟通多次无果后，谢某向法院提起诉讼，要求物业公司将设在架空层的车位予以移除。

架空层属于业主专有部分之外的公共场所，业主对此享有建筑物的区分所有权，可以委托物业公司进行管理。物业公司在此划车位出租，虽然是为缓解停车难的无奈之举，但也必须依法征求业主的同意。谢某需要在架空层出入通行，架空层增设停车位后具有较大的安全隐患，影响了谢某的安全通行。因此，物业公司应当将在架空层增设的车位予以移除。

物业公司作为小区的物业服务单位，在尽心尽职提供服务时，应该同时保障相关业主的合法权益，避免对业主的合法权益构成妨碍，否则可能需要承担相应的法律责任。

《民法典》第 236 条规定："妨害物权或者可能妨害物权的，权利人可以请求排除妨害或者消除危险。"物权是指权利人依法对特定的物享有直接支配和排他的权利，所有权属于物权的范畴。业主对自己的房屋享有所有权，对小区共有部分享有共同所有权，若物业公司的行为损害业主的物权的，业主可以对物业公司提起诉讼。

《民法典》第 120 条规定："民事权益受到侵害的，被侵权人有权请求侵权人承担侵权责任。"如果物业公司管理行为不当的，构成侵权，对业主的合法权益造成了损害，在此情况下，业主为了维护自身合法权益，可以向法院提起诉讼，要求物业公司承担侵权责任。

60. 物业公司擅自私用业主共有部分出租获益，业主可以起诉维权吗？

丽景小区的物业公司在小区的楼道、大堂、电梯等公共区域刊登了大量广告，前后收取广告收益 26 万余元。物业公司认为，自入驻小区以来，运营成本是每平方米 2.8 元，但物业费却是按照每平方米 1 元收取，随着运营成本逐年增加，物业公司这些年来一直是亏本运营，因此，这笔广告费应该用来填补物业费收入严重不足的部分。业主认为，物业公司在未经业主同意的情况下，擅自将广告费私自使用，应当予以返还。

在实践中，许多小区管理者会在小区内出租广告位收取广告租赁费，出租共有部分停车位收取占用费等。对于小区共有部分的所有权、使用权以及管理权的权利主体，《民法典》第 271 条予以了明确规定，即“业主对建筑物内的住宅、经营性用房等专有部分享有所有权，对专有部分以外的共有部分享有共有和共同管理的权利。”小区住宅、经营性用房等专有部分以外的楼道、大堂、电梯内等公共区域应属业主的共有部分，并由全体业主共同管理。基于上述公共区域内设立广告所取得的收益依法归全体业主共有。

公共区域招租获得的广告费用属于全体业主共有，全体业主享有共同管理的权利。物业公司虽然是小区的物业服务单位，但是公共区域的广告费用并不属于物业管理合同中所约定的物业服务资金，物业公司在未经业主委员会或者全体业主同意的情况下，无权擅自使用该广告费用弥补其经营上的不足。因此，物业公司擅自私用出租业主共有部分收取的广告费的行为损害了业主的合法权益，业主可以起诉物业公司，通过法律途径维护自身合法权益。

61. 业主能随意将住宅改为麻将馆并对外经营吗？

陈某是某小区 103 室的业主，入住后没多久，就发现隔壁 102 室的业主李某将自家改造成了麻将馆，并对外经营。陈某每天都可以听到隔壁喧哗吵闹的声音，并经常看到有陌生人进进出出，在楼道里抽烟，搞得楼道里乌烟瘴气。陈某曾经多次找到李某协商，并请求物业公司帮忙协调，但是李某拒绝整改，态度十分强硬。陈某认为李某将住宅改造为麻将馆的行为已经严重影响了他的正常居住生活，无奈之下只好将李某告到法院，请求法院判令李某立即停止在 102 号房屋内从事麻将馆的商业经营行为并恢复房屋的住宅用途。

有些业主认为房子是自己的，想怎么用就怎么用，别人无权干涉。那是不是即使对别人的生活造成严重影响，业主仍然可以我行我素呢？答案显然是否定的。根据《民法典》第279条规定："业主不得违反法律、法规以及管理规约，将住宅改变为经营性用房。业主将住宅改变为经营性用房的，除遵守法律、法规以及管理规约外，应当经有利害关系的业主一致同意。"因此，房屋的用途应当按规划使用，如果想把住宅改为经营性用房，应当满足两个条件：一是遵守法律、法规以及管理规约；二是应当经有利害关系的业主一致同意，只有满足这两个条件，"住改商"的行为才具有合法性。李某将自家住宅改造为麻将馆对外经营，没有征得邻居陈某的同意，因此，李某"住改商"的行为不合法。同时，李某经营麻将馆没有遵守法律、法规以及管理规约办理营业执照，属于无照经营，且麻将馆内的各种噪声影响了陈某以及其他邻居的生活安宁，进入小区打麻将的外来人员也给陈某的生活和小区安全带来隐患。李某应当停止经营麻将馆，并将房屋恢复原状。

当业主擅自将住宅改为经营性用房，有利害关系的业主可以向法院请求排除妨害、消除危险、恢复原状或者赔偿损失。此外，物业公司若发现业主有"住改商"行为的，应当履行其法定告知、制止的义务，及时通知违规业主进行整改，并且交由当地房地产行政主管部门对业主的违规行为进行处理。

62. 业主不当安装浴缸，物业公司有权制止吗？

顾某是某小区 29 楼 E 室复式房屋的业主，他购买了一只占地面积约 8.9 平方米，可放水约 4.2 吨的巨型浴缸，准备安装在自己居住的房屋内，遭到了周围业主的强烈反对。物业公司向有关专家进行了咨询之后，以房屋楼板无法承受浴缸使用时的重量为由，制止顾某安装巨型浴缸，并多次与顾某交涉。物业公司四次发函，告知顾某应停止装修中的违规行为，在安装浴缸的安全问题没有确认之前不得安装，并要求顾某将放置在小区道路旁的浴缸搬离。顾某觉得物业公司的要求十分不合理，把物业公司告上了法院，要求物业公司赔偿自己的精神损失和财产损失。

许多业主在装修房屋的过程中，喜欢在浴室安装浴缸，虽然安装浴缸是业主的自由，但是如果浴缸选择不当，会对相邻业主产生不当影响，甚至影响房屋建筑结构。顾某如果按照设计的用途和设计的荷载量来使用房屋的墙板、楼板，他人无权干涉，但如果超出设计允许的限度使用墙板、楼板，就应当征得其他区分所有权人的同意。顾某要安装的浴缸注满水后的重量达到 4.2 吨，超出了楼板设计荷载量。长期使用这个浴缸，不仅顾某的安全不能得到保障，且势必危及相邻业主的居住安全。因此，物业公司作为物业管理企业，对业主安装浴缸的行为加以制止，是其管理职责所在，并无不妥。

任何一幢独立建筑物，均由基础、框架、承重等部分构成。尽管用隔板可以将一幢独立建筑物分割成不同的使用空间供不同的人分别独立使用，但构成该幢独立建筑物的基础、框架、承重墙体、隔板、顶盖、走道、阶梯、门窗、管线以及必要的活动场所等部位，均无法分割使用。根据《民法典》第272条的规定，业主对其建筑物专有部分享有占有、使用、收益和处分的权利。业主行使权利不得危及建筑物的安全，不得损害其他业主的合法权益。区分所有权人只能在建筑物设计允许的限度内合理使用自己专有部分的建筑物，业主在对自己的房屋进行装修装饰时，不得妨害整栋建筑物的正常使用，更不得危及建筑物的安全，业主应当在合理合法的范围内使用自己的房屋，避免给其他业主造成损害。

63. 业主认为业主委员会的决定不适当，可否提出撤销？

根据《民法典》第280条的规定："业主大会或者业主委员会的决定，对业主具有法律约束力。业主大会或者业主委员会作出的决定侵害业主合法权益的，受侵害的业主可以请求人民法院予以撤销。"一般而言，除需由业主大会及业主代表大会讨论决定的事项外，业主委员会的决定应视为代表了小区全体业主的意志。生活中，业主委员会或业主大会作出的决定可能损害小区业主个人的合法权益，也可能损害小区多数业主的合法权益。业主若认为其个人合法权益受到了损害，可以单独向人民法院提起撤销之诉。若业主委员会或业主大会作出的决定侵害了多数业主的合法权益或程序不符合法律的规定，业主可以联名向法院提起撤销之诉。

根据《最高人民法院关于审理建筑物区分所有权纠纷案件具体应用法律若干问题的解释》第 12 条规定："业主以业主大会或者业主委员会作出的决定侵害其合法权益或者违反了法律规定的程序为由，依据物权法第七十八条第二款的规定请求人民法院撤销该决定的，应当在知道或者应当知道业主大会或者业主委员会作出决定之日起一年内行使。"当业主委员会的决定损害了业主的利益，业主依法向人民法院起诉的，应该注意诉讼时效，在知道或应当知道业主大会作出决定之日起一年内提出。所以，业主若要行使撤销权，应当及时、快速地向人民法院提起诉讼，避免错过法定的起诉期限。

64. 计算业主的投票表决占比时，可以扣除公摊面积吗？

《民法典》第 278 条第 2 款规定："业主共同决定事项，应当由专有部分面积占比三分之二以上的业主且人数占比三分之二以上的业主参与表决。决定前款第六项至第八项规定的事项，应当经参与表决专有部分面积四分之三以上的业主且参与表决人数四分之三以上的业主同意。决定前款其他事项，应当经参与表决专有部分面积过半数的业主且参与表决人数过半数的业主同意。”业主共同决定的事项通常以投票表决方式来决议，若要通过一项决议，需要符合表决程序及表决比例。在业主参与投票表决时，专有部分面积占比尤为重要，那么，业主专有部分面积占比要如何计算呢，是否可以扣除公摊面积?

《最高人民法院关于审理建筑物区分所有权纠纷案件具体应用法律若干问题的解释》第 8 条规定，专有部分面积和建筑物总面积，可以按照下列方法认定:（1）专有部分面积，按照不动产登记簿记载的面积计算；尚未进行物权登记的，暂按测绘机构的实测面积计算；尚未进行实测的，暂按房屋买卖合同记载的面积计算;（2）建筑物总面积，按照前项的统计总和计算。因此，公摊面积部分为业主专有权行使必不可少的部分，与套内建筑面积共同记载于不动产登记簿内，属于专有部分面积。因此，在计算业主大会会议中业主投票表决权时，应以房产证记载面积作为业主专有部分面积，证载公摊面积不能扣除。

65. 业主可以提出撤销业主委员会委员的资格吗？

《民法典》第 277 条规定："业主可以设立业主大会，选举业主委员会。业主大会、业主委员会成立的具体条件和程序，依照法律、法规的规定。地方人民政府有关部门、居民委员会应当对设立业主大会和选举业主委员会给予指导和协助。"业主委员会是由业主选举产生的。

选举业主委员会或更换业主委员会成员属于业主共同决定的事项。基于业主的选举权，业主不仅可以选择由谁来担任业主委员会的委员，也可以决定更换业主委员会的委员。

根据《业主大会和业主委员会指导规则》第 44 条规定："业主委员会委员有下列情况之一的，由业主委员会三分之一以上委员或者持有 20% 以上投票权数的业主提议，业主大会或者业主委员会根据业主大会的授权，可以决定是否终止其委员资格：（一）以书面方式提出辞职请求的；（二）不履行委员职责的；（三）利用委员资格谋取私利的；（四）拒不履行业主义务的；（五）侵害他人合法权益的；（六）因其他原因不宜担任业主委员会委员的。"如果业主想要撤销业主委员会委员的资格，应经过法定的程序。当业主发现业主委员会的委员存在不履行职责、以权谋私等不当行为，持有 20% 以上投票权的业主可以提议撤换。

66. 未成年人业主是否可以作为业主参加业主大会，成为业主委员会委员？

当今社会，房子承载了许多人的希望和寄托，甚至有的人把买房子当作自己的人生奋斗目标。而为人父母之后，或许是出于购房名额的限制，或许是为了给子女留下一份经济保障，许多父母会以子女的名义购房。我国法律并未限制购房者的年龄，因此，父母作为法定监护人，以未成年人子女的名义购房是可以的。

父母为未成年人子女购房，房屋的所有权属于未成年人子女。根据《物业管理条例》第 6 条规定："房屋的所有权人为业主。业主在物业管理活动中，享有下列权利：（一）按照物业服务合同的约定，接受物业服务企业提供的服务；（二）提议召开业主大会会议，并就物业管理的有关事项提出建议；（三）提出制定和修改管理规约、业主大会议事规则的建议；（四）参加业主大会会议，行使投票权；（五）选举业主委员会成员，并享有被选举权；（六）监督业主委员会的工作；（七）监督物业服务企业履行物业服务合同；（八）对物业共用部位、共用设施设备和相关场地使用情况享有知情权和监督权；（九）监督物业共用部位、共用设施设备专项维修资金（以下简称专项维修资金）的管理和使用；（十）法律、法规规定的其他权利。”未成年人作为房屋所有权人不仅是业主，也属于业主大会的一员。

《民法典》第19条规定：“八周岁以上的未成年人为限制民事行为能力人，实施民事法律行为由其法定代理人代理或者经其法定代理人同意、追认；但是，可以独立实施纯获利益的民事法律行为或者与其年龄、智力相适应的民事法律行为。”第20条规定：“不满八周岁的未成年人为无民事行为能力人，由其法定代理人代理实施民事法律行为。”因此，未成年人属于限制行为能力人或无民事行为能力人，虽然未成年人作为业主，可以享有业主的权利，但当涉及“参加业主大会会议，行使投票权”等事宜时，需由法定监护人代为行使权利。

《业主大会和业主委员会指导规则》第31条规定：“业主委员会由业主大会会议选举产生，由5至11人单数组成。业主委员会委员应当是物业管理区域内的业主，并符合下列条件：（一）具有完全民事行为能力；（二）遵守国家有关法律、法规；（三）遵守业主大会议事规则、管理规约，模范履行业主义务；（四）热心公益事业，责任心强，公正廉洁；（五）具有一定的组织能力；（六）具备必要的工作时间。”由此可见，业主委员会成员应当具有完全民事行为能力，未成年人在法律上一般属于限制行为能力人或无民事行为能力人，无法成为业主委员会的委员。

《民法典》第18条规定："成年人为完全民事行为能力人，可以独立实施民事法律行为。十六周岁以上的未成年人，以自己的劳动收入为主要生活来源的，视为完全民事行为能力人。"因此，若该未成年人业主年满十六周岁，以自己的收入作为主要生活来源的，可视为完全民事行为能力人，此时，该未成年人业主就可以成为业主委员会的委员。

67. 尚未办理不动产权证的购房人是否可以参加业主大会？

《民法典》第209条规定："不动产物权的设立、变更、转让和消灭，经依法登记，发生效力；未经登记，不发生效力，但是法律另有规定的除外。依法属于国家所有的自然资源，所有权可以不登记。"《民法典》第214条规定："不动产物权的设立、变更、转让和消灭，依照法律规定应当登记的，自记载于不动产登记簿时发生效力。"

因此，房屋属于不动产，不动产所有权的取得以办理产权登记为准，尚未办理不动产权证的购房人没有取得房屋的所有权，尚未成为业主，也就没有资格参加业主大会。

68. 开发商可以拒绝配合业主办理不动产权证吗？

唐某购买了一套房产，与开发商订立了《商品房买卖合同》，因为不慎丢失定金收据客户联，开发商拒不配合办理不动产权证。那么，开发商的这种行为是否合法呢？

《民法典》第 509 条第 1 款规定："当事人应当按照约定全面履行自己的义务。"因此，若唐某已经按照购房合同履行了相应的付款义务等，开发商理应按照约定协助唐某办理不动产权证。开发商完全可以协助客户调取定金收据存根联或根据唐某的转账记录补开定金收据等，开发商以此为由拒绝协助办理不动产权证，已严重违反了民事合同交易双方应当履行的协助义务，属违约行为。

根据《城市房地产开发经营管理条例》第 32 条的规定，预售商品房的购买人应当自商品房交付使用之日起 90 日内，办理土地使用权变更和房屋所有权登记手续；现售商品房的购买人应当自销售合同签订之日起 90 日内，办理土地使用权变更和房屋所有权登记手续。房地产开发企业应当协助商品房购买人办理土地使用权变更和房屋所有权登记手续，并提供必要的证明文件。因此，房地产开发商在办理不动产权证事项中，负有法定的协助义务，开发商不得拒绝配合业主办理不动产权证。

第四章

CHAPTER 4

小区邻里关系

69. 业主擅自安装水阀影响邻居用水怎么办？

杨某是某小区601室的业主，谢某是居住于杨某楼下501室的业主。一天，杨某家中漏水下渗到谢某家中。后因双方协商解决无果，谢某将自家卫生间通往楼上601室的共用上水管道安装了阀门，并关闭阀门，导致601室断水。杨某在沟通无果后诉至法院，请求法院判令谢某拆除私自安装的供水阀门并令物业公司履行监督职责，恢复其正常供水；谢某与物业公司应连带赔偿其因此造成的损失。

法院经审理后认为，因两人对漏水问题未予解决，谢某将其家中卫生间通往楼上的共用上水管道安装阀门后关闭该阀门，致使杨某无法正常用水，对该事实的发生，双方均负有责任。谢某家卫生间的上水管是共用管道的一部分，谢某因漏水事件需要维权应当通过正当途径，无权自行安装阀门侵害杨某正常用水的权利。谢某应当拆除私自安装的阀门，将卫生间上水管恢复原状，保证杨某正常用水。因物业公司是该小区物业服务企业，对共用上水管道具有管理职责，因此，对杨某要求谢某拆除私自安装的供水阀门，恢复杨某的正常供水的诉讼请求予以支持。因谢某的不当行为给杨某造成不必要的支出，谢某应当予以赔偿。物业公司不是侵权人，其不应承担连带赔偿责任。

邻里间的纠纷应当妥善解决，如果因为自己的不当行为给他人造成损失，且有相应的证据予以证明的，侵权的一方应当予以赔偿。业主擅自安装水阀，影响邻居用水属于侵权行为，应当承担相应法律责任。

物业公司作为小区的管理部门，应履行好物业服务合同约定的管理职责。至于邻里纠纷问题，物业公司只有协调、调解的义务和责任，若是协调、调解不成的，应当由业主直接向政府行政主管部门请求处理或是直接按照法律的程序提起诉讼。

70. 业主在门口安装摄像头，邻居是否可以请求拆除？

有些业主为了保护自身及家人安全，会在自家门口或周围的公共道路、楼道、墙面等地方安装监控。南明小区的业主赵小姐因家中曾遭遇过盗窃，于是在家门口安装了摄像头，可摄像头的监控范围不仅包括自家门口，还覆盖了邻居李先生的房门，李先生认为自己的家人进出都被摄像头注视着，毫无隐私可言。那么，赵小姐在自家门口安装摄像头的行为，是否合理合法呢？李先生又是否可以以侵犯隐私权为由要求赵小姐拆除摄像头呢？

按理来说，业主是将摄像头安装在自己家门口，是属于对自己房屋所有权的行使，目的是保护自身的人身财产安全，他人无权干涉。但赵小姐安装的摄像头将李先生家门口也纳入监控范围，此时就侵犯了李先生一家出行的隐私权，无论赵小姐是否将监控收集到的画面对外进行公布，其行为都已经构成侵权。

《民法典》第1167条规定：“侵权行为危及他人人身、财产安全的，被侵权人有权请求侵权人承担停止侵害、排除妨碍、消除危险等侵权责任。”李先生有权要求赵小姐承担侵权责任，将门口的摄像头予以拆除。

由此可见，业主在自家门口安装监控摄像头需注意是否侵犯邻居隐私权益。若业主在自己家门口的摄像头监控的覆盖范围仅限于自家门口区域，不涉及其他业主家的门窗，不对邻居们的生活造成影响，就不属于侵犯他人隐私权，邻居也无权干涉。

71. 自家炒菜油烟大，需要顾及邻居感受吗？

在自家里做饭炒菜是每个家庭的基本生活需求，本无可厚非，但若因炒菜产生大量的油烟和有害气体造成生活环境污染，给邻居的日常生活造成不良影响，则应当停止侵害，对造成的损害予以赔偿。

根据《民法典》第288条规定：“不动产的相邻权利人应当按照有利生产、方便生活、团结互助、公平合理的原则，正确处理相邻关系。”邻居之间存在着相邻关系，相邻各方需要正确处理相邻关系，相邻关系的存在要求相邻各方对各自所有权的行使有所节制，不能损害邻方的合法权益。

业主在自家炒菜是对自己房子行使所有权和使用权，但由于相邻权是一种限制权，即使是自己的房子，在行使所有权时，也必须顾及邻居，不能为所欲为。否则，邻居有权制止。如果其行为给邻居造成妨碍或者损失的，需承担相应的法律责任。

72. 装修时在承重墙上打孔，邻居可以制止吗？

对于整个房屋而言，承重墙是决定安全的重要部分。承重墙对于楼板来说是支点，拆了承重墙，楼板没有了支座，后果十分严重。一旦出现楼板裂缝，继续发展，裂缝会越来越大，直至断裂，从而影响住户生命财产安全。承重墙的设计是经过科学计算的，如果在承重墙上打孔装修，就会影响地基的稳定性。因此，在承重墙上打孔的行为显然是不正确的，会影响到自身及其他业主的住房安全。

在我国各省市对承重墙均有规定，《武汉市房屋安全管理条例》第 15 条 2 项规定：“禁止实施下列危害房屋安全的行为……（二）在承重墙上开挖壁柜、门窗洞口或者扩大房屋承重墙上原有的门、窗尺寸。”《广东省物业管理条例》第 55 条规定了房屋使用人禁止对房屋进行违章凿、拆、搭占等。

装修时破坏承重墙是一种损坏房屋结构的违法行为，同时也侵害了其他业主的合法权益，其他业主可以向物业公司进行反映，物业公司可以依据有关规定或者业主公约予以劝阻、制止；劝阻、制止无效的，可以向房地产行政管理部门报告，由房地产行政管理部门依法对邻居的违法行为予以行政处罚。同时，如果破坏承重墙的行为已经造成其他业主房屋或财产损坏的，其他业主还可以另行提起民事诉讼，要求其赔偿损失。

73. 在楼梯通道建铁门、摆杂物是合法的吗？

小区内的楼梯通道属于业主共同所有，在共有的楼梯通道摆放鞋柜等杂物或者建设铁门的行为，属于占用公用空间的违法行为，不但会堵塞通道，影响楼道的清洁卫生，更侵犯了其他业主的合法权益。因此，居民在楼梯通道建铁门、摆杂物经提醒不听劝阻的，其他业主可以通过起诉的方式维护自身合法权益。

根据《消防法》第 28 条规定：“任何单位、个人不得损坏、挪用或者擅自拆除、停用消防设施、器材，不得埋压、圈占、遮挡消火栓或者占用防火间距，不得占用、堵塞、封闭疏散通道、安全出口、消防车通道。人员密集场所的门窗不得设置影响逃生和灭火救援的障碍物。”任何公民都不得占用、堵塞、封闭疏散通道、安全出口。在发生火灾事故时，楼梯通道是逃生的重要通道，若在楼梯通道摆设鞋柜等杂物或建设铁门，将会影响楼梯通道的顺畅，在紧急情况下会危害自身及他人的生命财产安全。如果因此扩大了其他业主在火灾事故中的损失，则占用楼梯通道的业主需要承担相应的赔偿责任。

针对业主在楼梯通道建铁门、摆杂物的不当行为，除相关业主可以通过诉讼维权外，物业公司也可采取相应的积极措施。物业公司对小区负有消防安全保障义务，若发现业主在楼梯走廊堆放杂物或建设铁门时，物业公司有权通知业主并督促其清理、整改。需注意的是，物业公司不得在通知不到位的情况下私自处理业主的私人财产或自行拆除业主建设的铁门，否则给业主造成了损失，可能需要承担赔偿责任。

74. 厨房下水疏通口崩裂喷污水，应该由谁担责？

厨房下水管道为业主的共用管道，属于业主共同所有。当业主因共用管道崩裂喷污水导致房屋损坏时，应当排查共用管道漏水的原因，根据原因确定责任的承担人。

根据《物业管理条例》第 31 条规定："建设单位应当按照国家规定的保修期限和保修范围，承担物业的保修责任。"开发商对于售出的房屋承担保修责任，在保修期内，开发商应该对房屋的质量问题负责。如果因开发商偷工减料，造成共用管道存在质量问题，导致厨房下水疏通口崩裂喷污水给业主造成了损失，那么，房屋尚在保修期内的业主可以追究开发商的责任，要求开发商赔偿损失。如果房屋已过保修期，而共用管道崩裂喷污水的是因管道老化导致的，因共用管道为业主共有，则该损失应该由共有业主共同分担。

根据《民法典》第 296 条规定："不动产权利人因用水、排水、通行、铺设管线等利用相邻不动产的，应当尽量避免对相邻的不动产权利人造成损害。"相邻业主之间应该友好相处，并注意合理使用房屋，避免给其他业主造成损害。如果业主自身存在过错，比如业主将厨余垃圾倒入厨房下水管道中，造成管道堵塞，导致他人家中厨房下水管道因此崩裂喷污水，给他人造成损害的，那么该业主应当承担相应的赔偿责任，并承担维修管道的费用。此外，如果物业公司在物业服务合同中明确约定了服务项目包括定时对共用管道检查清掏的，则物业公司要尽到清理疏通共用管道的责任。特别是针对以高层住宅为主的小区，下水道承受压力比较大，因堵塞而崩裂漏水的情况时有发生，物业公司更应注意按照物业服务合同的约定，定期检查、清理，否则业主因此遭受损失的，物业公司可能会被认定为未按照物业服务合同履行相应义务，因对共用管道维护不力、职责履行不到位而难逃赔偿责任。

物业公司在日常管理中，也应倡导提醒小区业主文明使用厨房的下水管道，告知业主尽量避免将厨余垃圾随污水倒入下水道，否则容易造成堵塞，进而导致下水管道崩裂。业主应当增强公共空间的规则意识，共同维护公共管道的正常使用。

75. 邻居排烟口安装不当，致使业主无法开窗怎么办？

某小区A栋705的住户陈某在装修时改变了厨房排烟口的位置，没有将厨房的排烟口安放在公共的排烟通道上，导致楼上住户张某家北面的窗户多年不能打开，只能依靠空调排风透气。张某深感困扰，多次与陈某进行沟通，但还是没能解决这个问题。在此情况下，张某该怎么办呢？相邻住户在日常使用房屋时会互相影响，若彼此之间不互相体谅，极易发生邻里矛盾。楼上业主与楼下业主因厨房排烟影响通风事宜产生的纠纷属于相邻权纠纷，一般而言，小区业主之间产生纠纷，可以请物业公司帮忙协调处理，但若物业服务合同并未约定物业公司有义务为业主解决相邻权纠纷，则物业公司尽到帮助协调的义务即可。

《民法典》第 288 条规定：“不动产的相邻权利人应当按照有利生产、方便生活、团结互助、公平合理的原则，正确处理相邻关系。”《民法典》第 296 条规定：“不动产权利人因用水、排水、通行、铺设管线等利用相邻不动产的，应当尽量避免对相邻的不动产权利人造成损害。”法律倡导邻居之间友好相处，相邻业主应合理利用相邻不动产，尽量避免对相邻业主造成损害，当相邻业主之间因排烟通风等问题产生纠纷，业主之间可以先协商解决，如果未能通过协商解决，受害业主可通过法律途径维护自己的合法权益。

76. 相邻业主有配合维修排污管道的义务吗？

管道堵塞是业主家中常见的问题之一，因同栋楼业主之间往往共用排污管道，若自家的排污管道出现堵塞，检修起来往往可能需要到楼上、楼下管道处进行排查、维修，此时楼上、楼下的业主可以拒绝修理人员入户吗？

常言道，远亲不如近邻，大家同住在一个小区，处理好邻里关系尤为重要。邻里关系是最基本的社会关系之一，若遇到事情，邻里间的帮助会更加方便有效。根据《民法典》第 288 条规定：“不动产的相邻权利人应当按照有利生产、方便生活、团结互助、公平合理的原则，正确处理相邻关系。”因此，当业主家中管道需要维修时，楼上、楼下的业主应本着团结互助的精神，提供必要的配合，协商合理的时间，安排修理人员入户进行检查、维修。如果相邻业主拒绝配合维修，受害业主可以通过法律途径解决，向法院起诉要求相邻业主配合维修。如果相邻业主拒绝配合排污管道维修工作，导致管道长期得不到修理，给其他业主造成了更大的损失，相邻业主就存在承担赔偿责任的风险。

77. 地铁围蔽施工，受影响的商铺应该容忍吗？

陈某购买了一栋沿街商铺准备用于出租，第二年，地铁公司因市政重点工程建设围蔽施工，陈某认为自己的商铺是因受到围蔽的阻挡一直租不出去，影响了他当年的收益。于是，陈某以收益受影响为由向法院起诉，要求地铁公司赔偿租金损失60万元。

相邻关系是指相互毗邻的两个以上不动产所有人、用益物权人或占有人，在用水、排水、通行、通风、采光等方面根据法律规定产生的权利义务关系。案例中的商铺与地铁公司围蔽的施工路段互相毗邻，构成了相邻关系。

根据《民法典》第288条规定：“不动产的相邻权利人应当

按照有利生产、方便生活、团结互助、公平合理原则，正确处理相邻关系。”不动产权利人应当为相邻权利人提供必要的便利，彼此应该团结互助。地铁公司建设围蔽施工，虽对相邻商铺的正常经营产生了一定的影响，但陈某商铺的地块作为与地铁的相邻方，当有关公共利益的设施建设造成个人利益受到损害时，应当负有容忍义务。

地铁工程是为社会利益而实施，围蔽施工经有关主管部门批准，施工场地并未超越市政公共道路范围，与之相邻的商铺应当为地铁公司施工提供一定的便利。况且，作为与地铁站临近的商铺，地铁站建成后必然会提升相邻商铺价值，商铺作为受益者所受的有利影响也是长远、持久的。陈某商铺的租金损失与地铁围蔽施工没有必然联系，因此，陈某的赔偿请求难以获得法院的支持。

78. 楼上装修导致家中漏水，受害业主可以请求赔偿吗？

房屋漏水看似是一件再普通不过的事情，可它却经常成为邻里间矛盾的“导火索”。当楼上业主装修房屋，一不小心破坏了地面的防水设施，导致楼下业主家中漏水，这该怎么办？楼下业主的房屋因此受到损害，可以请求楼上业主赔偿吗？

根据《民法典》第 120 条规定：“民事权益受到侵害的，被侵权人有权请求侵权人承担侵权责任。”因此，如果楼下业主的房屋漏水是楼上业主装修导致，那么楼上业主应当承担赔偿责任。当房屋漏水，财产受到损害时，受害业主可以与楼上业主进行协商，请求楼上业主停止损害，也可以要求楼上业主赔偿维修费用。在协商的过程中，受害业主也可以请求物业公司作为中间人帮助协调。如果楼上业主推诿责任或者对赔偿数额有异议，未能协调成功，那么受害业主可以及时起诉，通过法律途径维护自己的合法权益。

在此类型纠纷中，受害业主作为原告一方应当承担举证责任，简单来说，就是受害业主应当收集相关证据，证明自家房屋漏水与楼上业主的装修行为存在因果关系。作为受害业主，当家中发生漏水时，应该第一时间拍照保留证据，并保护好现场，以便后续可以进一步查明漏水的原因以及鉴定损失的程度。通常在诉讼过程中，为了查明漏水的原因，是需要委托专业的鉴定机构来进行鉴定的，若经专业机构鉴定，认定房屋漏水是楼上业主装修导致的，那么受害业主就有充分的依据要求楼上业主进行赔偿了。

79. 改造房屋进行“群租”是业主的自由吗?

群租房一般是将住宅通过改变房屋结构和平面布局，把房间分割改建成若干小间分别按间出租或按床位出租。这种大量人口密集居住在狭小空间内、没有基本生活设施的群租房在全国各地是大量存在的，而由群租房引发的公共安全事件和各类纠纷、矛盾屡见不鲜。

赵某拥有一套50平方米的两居室住房，为了收取更多的租金，赵某将房屋改造成五居室，租给7名租客，这些人每天都吵闹到很晚才睡觉，严重影响了周围邻居的生活。赵某的行为是否合法呢？

根据《商品房租赁管理办法》第8条规定："出租住房的，应当以原设计的房间为最小出租单位，人均租住建筑面积不得低于当地人民政府规定的最低标准。厨房、卫生间、阳台和地下储藏室不得出租供人员居住。"赵某将房屋改造并"群租"的行为，破坏了房屋原本的规划，甚至将厨房也改造成卧室供人居住，显然是违法违规行为。

我国各地方也出台过相关规定，对"群租"行为进行规制。如北京市住房和城乡建设委员会、北京市公安局和北京市规划委员会联合发布的《关于公布本市出租房屋人均居住面积标准等有关问题的通知》，明确禁止将房屋改造后分割出租。天津市国土房管局等九部门拟定的《关于加强我市出租房屋综合管理工作实施意见》明确规定，在我市行政区域内，出租的住房应当符合建筑、消防、治安、卫生等方面的安全条件，应以原规划设计为居住空间的房间为最小出租单位，不得将原设计为居住空间的房间分割出租。厨房、卫生间、阳台和地下储藏室等非居住空间不得出租供人员居住。出租住房的人均租住使用面积不得低于5平方米。

群租房价格低廉，很好地迎合了低收入人群的租房需求。而对出租人来说，将房屋拆分群租，能够比整体出租获取更高的收益。但不能忽视的是，群租房可能因改造破坏了主体结构，在有限的空间里居住人数过多，不仅给邻居造成困扰，也给房屋和小区的治安、卫生、消防等带来较大的安全隐患。改造房屋进行“群租”的行为违反了相关法律规定，并非业主的自由。

第五章

CHAPTER 5

物业费和其他费用

80. 购买期房的业主应该从何时起交纳物业费？

物业公司为小区提供了物业管理服务，业主理应向物业公司交纳物业费。《物业管理条例》第41条规定："业主应当根据物业服务合同的约定交纳物业服务费用。业主与物业使用人约定由物业使用人交纳物业服务费用的，从其约定，业主负连带交纳责任。已竣工但尚未出售或者尚未交给物业买受人的物业，物业服务费用由建设单位交纳。"也就是说，房屋在未实际交付给买受人（业主）占有之前的物业费应由房产开发商交纳，房屋在实际交付后的物业费应由业主交纳。

例如，周某于2019年6月30日与开发商签订购房合同，合同约定2020年7月31日前交房。2020年7月31日，开发商与周某办理了交房手续，此时，周某理应自2020年8月1日起交纳物业费。也就是说，在开发商按时交房的情况下，业主应当如期交纳物业费。

那么，如果开发商并未如期交房，业主应当从何时起交纳物业费呢？若上述案例中，开发商通知周某于2020年7月31日办理交房手续，但周某因身在国外，脱不开身，直至2020年9月15日才回国完成交房手续，此时，周某还是应当自2020

年8月1日起交纳物业费。因为延期交房的责任在周某，而非开发商。

也就是说，因业主自身原因导致延期交房的，或业主无故拖延交房的，物业费应当按照开发商通知的交房日期开始计算。一般而言，购房合同上也会对业主拖延交房的行为约定相应的违约责任。

此外，若因开发商的原因不能按时交房，如房屋延期交付、房屋存在质量问题等导致业主无法按时收房，则物业公司应当自房屋达到交房条件时才能开始收取物业费。

81. 开发商没有卖出去的房子，需要交纳物业费吗？

根据《民法典》第509条第1款规定："当事人应当按照约定全面履行自己的义务。"前期物业服务合同由开发商与物业公司订立，开发商也理应遵守前期服务合同的相关约定。如果开发商新建设一个住宅小区，剩余了部分房屋没卖出去，这些开发商未售出的房屋所有权属于开发商，开发商应按照前期物业服务合同的约定交纳物业费。

《物业管理条例》第41条规定："业主应当根据物业服务合同的约定交纳物业服务费用。业主与物业使用人约定由物业使用人交纳物业服务费用的，从其约定，业主负连带交纳责任。

已竣工但尚未出售或者尚未交给物业买受人的物业，物业服务费用由建设单位交纳。”也就是说，已经竣工但开发商没有卖出去的房子也应当交物业费，该部分物业费由开发商承担。

82. 同一小区的不同楼栋，可以适用不同的物业费收费标准吗？

一个小区除住宅外，还有可能同时配套有写字楼、商铺等，一般而言，商铺、写字楼等商用性质的物业费收费标准会高于住宅的物业费收费标准。但实践中，也有些业主会面临一个问题，住在同一个小区，买的是同类型物业，大家均享受同一个物业公司同等档次的物业服务，仅因楼栋不同，交纳的物业费标准却不一样，这合理吗？

李某购买了小区房屋一套，入住后发现业主委员会与物业公司签订的《物业服务合同》约定她所在的楼栋的物业费为每平方米 3 元，而其他同类型住宅的物业费仅为每平方米 2.5 元。那么，这种有区别的收费标准是合法的吗？

根据《最高人民法院关于审理物业服务纠纷案件具体应用法律若干问题的解释》第 2 条第 2 项规定，物业服务合同中免除物业服务企业责任、加重业主委员会或者业主责任、排除业主委员会或者业主主要权利的条款，应认定为无效。因此，对同一物业小区、同类型物业、相同的物业服务，却按每月每平方米3元、2.5元的不同标准收取物业费，该约定加重了李某的负担，损害了李某的合法权益，应认定为无效，李某可按照每平方米2.5元的标准交纳物业费。

由此可见，同一小区的不同楼栋，如果属于同类型物业、享受同等的物业服务，理应按照同等的标准收取物业费。

83. 物业公司能以业主未交纳物业费为由拒绝配合业主领取不动产权证吗？

实践中，开发商常常会委托物业公司协助业主办理不动产权证，将一些资料留在物业公司处，方便业主办理相关手续；有的开发商也会将不动产权证放在物业公司处，委托物业公司向业主发放不动产权证。正因如此，当业主拖欠物业费时，物业公司就会“理所当然”地拒绝配合业主办理、领取不动产权证的相关工作，以此“逼迫”业主尽快交纳物业费。从法律的角度而言，物业公司的这种做法并不可取。

《民法典》第509条第1款规定：“当事人应当按照约定全面履行自己的义务。”因此，若开发商委托物业公司协助业主办理不动产权证的，物业公司应当依约履行自己的责任，若拒不配合相关工作，可能要对开发商承担违约责任。

此外，物业公司与业主之间存在物业服务合同关系，但物业服务合同并不涉及办理不动产权证等事宜，因此，业主拖欠物业费，拒不履行物业服务合同相关义务的，物业公司不能以此为由拒绝协助、配合业主办理不动产权证，物业公司可通过诉讼等法律途径向业主主张物业费。

84. 业主已入住，但尚未取得不动产权证，可以拒绝交纳物业费吗?

李某向开发商购买期房一套，开发商已交房，李某也已经入住新房。李某委托开发商代为办理不动产权证，但开发商至今未予办理，此时，李某是否可以拒绝交纳物业费?

开发商与物业公司签订的《前期物业服务合同》对业主具有约束力，因此，物业公司依据物业服务合同就有关物业的房屋及配套设施设备和相关场地进行维修、养护、管理，维护物业管理区域内的环境卫生和相关秩序，向业主提供符合约定的物业服务，业主理应向物业公司交纳物业费。

李某依据与开发商签订的购房合同取得了房屋，虽然他尚未办理不动产权证，但已经实际入住，享受了物业公司提供的物业服务，应当向物业公司支付物业费。因此，业主虽尚未依法办理所有权登记，但已实际入住、享受了物业公司提供的物业服务的，应及时交纳物业费。

85. 业主可以在什么情况下要求减免物业费？

物业费是指物业产权人、使用人委托物业管理单位对居住小区内的房屋公共建筑及其设备、公用设施、绿化、卫生、交通、治安和环境等项目进行日常维护、修缮、整治及提供其他与居民生活相关的服务所收取的费用。物业公司提供物业服务，业主应当支付相应的物业费。

许多业主会有困惑，若物业公司提供的服务质量严重不达标，是否可以减免物业费呢？根据《最高人民法院关于审理物业服务纠纷案件具体应用法律若干问题的解释》第 3 条第 1 款的规定，物业公司不履行或者不完全履行物业服务合同约定的或者法律、法规规定以及相关行业规范确定的维修、养护、管理和维护义务，业主请求物业公司承担继续履行、采取补救措施或者赔偿损失等违约责任的，人民法院应予支持。因此，物业公司不履行或不完全履行约定义务的，即视为违约，物业公司未履行合同约定的服务责任的，业主可以不支付对应项目的物业费，即依据合同要求物业公司承担“减免物业费”的违约责任。

《最高人民法院关于审理物业服务纠纷案件具体应用法律若

干问题的解释》第 5 条规定："物业服务企业违反物业服务合同约定或者法律、法规、部门规章规定，擅自扩大收费范围、提高收费标准或者重复收费，业主以违规收费为由提出抗辩的，人民法院应予支持。业主请求物业服务企业退还其已收取的违规费用的，人民法院应予支持。"由此可见，物业公司存在擅自扩大收费范围、提高收费标准或者重复收费等违规收费情况的，业主可拒绝交纳违规费用。

86. 对物业管理服务不满意，业主可以不交纳物业费吗？

有的业主不满物业公司的服务，拒绝向物业公司交纳物业费，那么，业主真的可以以不满物业公司的服务为由不交纳物业费吗？例如，赵小姐作为小区的业主，入住后发现小区环境差，还经常发生盗窃事件，就连保安的工作态度也不好，于是拒绝交纳物业费，然而诉至法院最终却以败诉收场，这是为什么呢？

物业公司为小区提供物业管理服务，双方建立了物业服务关系，物业公司提供服务后，有权要求享受服务的业主支付相应的物业费。由于物业管理服务具有公共性和综合性，使其有别于为单一客户提供的专项特约服务，而因为受益主体的广泛性和差异性，难以实现所有业主的认识完全一致，少数或个别业主拒交物业费容易形成对其他已交纳物业费的业主不公平的局面。此外，物业服务还具有即时性、无形性、持续性、长期性等特点，如果业主对物业服务质量不满，可以向业主委员会或物业服务行业行政管理部门反映，由业主委员会、物业服务行业行政管理部门督促物业服务企业进行整改。若整改不到位，业主委员会或业主可以采取合法有效的方式理性维权。业主如果有证据证明因物业服务企业的服务造成了业主损失，可另行主张赔偿，而不是拒绝交纳物业费。

因此，物业公司在物业管理服务过程中，可能存在一些令业主不满意的地方，但物业服务合同属于公共服务合同，对于服务是否存在缺陷的判断，不应以个别业主的感受为标准，业主拒绝交纳物业费的正当理由，应限定在物业服务企业不履行物业服务合同或者履行合同有重大瑕疵，一般情况下，服务瑕疵不应成为业主拒绝交纳物业费的理由。

根据《最高人民法院关于审理物业服务纠纷案件具体应用法律若干问题的解释》第6条的规定，经书面催交，业主无正当理由拒绝交纳或者在催告的合理期限内仍未交纳物业费，物业公司请求业主支付物业费的，人民法院应予支持。物业公司已经按照合同约定以及相关规定提供服务，业主仅以未享受或者无须接受相关物业服务为抗辩理由的，人民法院不予支持。因此，业主应当根据物业服务合同的约定交纳物业费，以对物业公司的管理不满意为由不交纳物业费的行为是不可取的，如果造成违约，还可能承担违约责任。

87. 如何认定物业公司服务质量严重不达标？

生活在小区里的业主每天都在接受物业公司的服务，比如小区里的公共卫生、安保、公共设备的维修维护，这些服务一般都是由小区物业公司提供。然而，如果物业公司的物业服务质量差，则极易引起业主和物业公司之间的矛盾。例如，小区卫生脏乱差、电梯损坏无人修、门岗形同虚设，社会闲杂人随便出入等，有的业主就会以物业公司的服务不达标为由拒交物业费，那么，这些现象的存在能够证明物业公司的服务质量不好吗？物业公司的服务质量达不达标应该以什么标准来认定呢？

《物业管理条例》第34条第2款规定："物业服务合同应当对物业管理事项、服务质量、服务费用、双方的权利义务、专项维修资金的管理与使用、物业管理用房、合同期限、违约责任等内容进行约定。"通常情况下，物业公司的服务内容是根据物业服务合同约定的义务来履行的，因此，判断物业公司的服务质量是否达标，应当首先看物业公司是否按照物业合同约定的标准和要求履行服务内容。如果是应该由物业公司履行的服务，物业公司没有履行或是履行存在重大的瑕疵，不符合业主的服务需求，并且达不到合同约定的标准和要求，业主可以收集相关证据向物业公司反映。如果物业公司仍然不改进服务的，业主可以通过业主大会解除与物业公司的合同，聘请新的物业公司。需要注意的是，在与物业公司签订物业服务合同时，一定要约定清楚物业公司的服务标准及相应的要求和合同解约的条件，在发生纠纷时维护自己的合法权益。

88. 物业公司可以随意提高物业费吗？

物业服务收费标准分为政府指导价和市场调节价。根据《物业服务收费管理办法》第 6 条规定："物业服务收费应当区分不同物业的性质和特点分别实行政府指导价和市场调节价。具体定价形式由省、自治区、直辖市人民政府价格主管部门会同房地产行政主管部门确定。"

根据《物业服务收费管理办法》第 7 条第 1 款规定："物业服务收费实行政府指导价的，有定价权限的人民政府价格主管部门应当会同房地产行政主管部门根据物业管理服务等级标准等因素，制定相应的基准价及其浮动幅度，并定期公布。具体收费标准由业主与物业管理企业根据规定的基准价和浮动幅度在物业服务合同中约定。"也就是说，若实行政府指导价的，物业公司不得随意涨价。

《物业服务收费管理办法》第7条第2款规定：“实行市场调节价的物业服务收费，由业主与物业管理企业在物业服务合同中约定。”因此，即便是实行市场指导价，物业公司也应当依据签订的物业服务合同约定的标准来进行收费，作为合同一方的当事人，未经与对方当事人协商，无权擅自变更合同的内容，调整收费标准，也就无权随意调高物业费。

由此可见，物业公司想要调高物业费，应该与业主充分协商，小区成立业主委员会的，应该与业主委员会充分协商。物业公司无权单方修改物业服务合同，无权随意调高物业费，否则可能承担相应的违约责任，业主也有权拒绝交纳调高部分的物业费。

89. 物业服务收费标准未经物价局备案是否合法?

《物业服务收费管理办法》第6条规定：“物业服务收费应当区分不同物业的性质和特点分别实行政府指导价和市场调节价。具体定价形式由省、自治区、直辖市人民政府价格主管部门会同房地产行政主管部门确定。”

《物业服务收费管理办法》第7条规定：“物业服务收费实行政府指导价的，有定价权限的人民政府价格主管部门应当会同房地产行政主管部门根据物业管理服务等级标准等因素，制定相应的基准价及其浮动幅度，并定期公布。具体收费标准由业主与物业管理企业根据规定的基准价和浮动幅度在物业服务合同中约定。实行市场调节价的物业服务收费，由业主与物业管理企业在物业服务合同中约定。”

由此可见，物业公司制定收费标准有两种实行形式：一种是政府指导价，即根据有关部门制定的基准价及其浮动幅度制定相应的物业费收费标准；另一种是市场调节价，在此种形式下，具体物业费的收费标准根据行业收费情况由业主与物业公司在合同中进行协商约定即可。因此，在国家法律层面上，并没有要求物业公司将与业主约定的具体收费标准必须到物价局进行备案。

但实际上，有些地方政府有需要物业公司将收费标准予以备案的要求。例如，《广东省物价局、广东省住房和城乡建设厅关于物业服务收费的管理办法》第 9 条规定：“实行政府指导价的物业服务收费，具体标准由物业服务企业在当地指导价范围内，根据物业服务实际情况与业主协商确定，并报当地价格主管部门备案。实行市场调节价的物业服务收费，由物业服务企业与业主双方协商确定。”

物业服务收费标准备案仅仅是政府行政主管部门出于对物业管理行业的行政管理需要作出的，不具有审批性质，只是需要物业公司将收费标准在物价局留一份底，属于程序上的要求。因此，形式上是否备案均不影响物业服务收费标准实际制定的合法性。

90. 业主拖欠物业费，物业公司应如何追索？

物业公司提供物业管理服务，业主需定期交纳物业费，但现实中会出现业主因为各种原因拖欠物业费的情况，此时物业公司可通过法律途径维护自身合法权益。

根据《最高人民法院关于审理物业服务纠纷案件具体应用法律若干问题的解释》第6条规定："经书面催交，业主无正当理由拒绝交纳或者在催告的合理期限内仍未交纳物业费，物业服务企业请求业主支付物业费的，人民法院应予支持。物业服务企业已经按照合同约定以及相关规定提供服务，业主仅以未享受或者无需接受相关物业服务为抗辩理由的，人民法院不予支持。"由此可见，当业主出现拖欠物业费的情况时，物业公司可进行催收，向业主发出交费通知书。若经催收业主仍旧拖欠物业费的，物业公司可向人民法院提起诉讼。

91. 业主逾期交纳物业费，物业公司可以收取滞纳金吗？

许多物业公司会在合同中约定，如果业主逾期交纳物业费的，则需要按约定支付滞纳金，那么物业公司可以收取滞纳金吗？

滞纳金是指行政机关对不按期限履行金钱给付义务的相对人，课以新的金钱给付义务的方法。目的是促使其尽快履行义务，属于行政强制执行中执行罚的一种具体形式。例如，纳税人未按规定的交纳期限预缴所得税，或者国家行政机关依法收取的罚款，这是一种在行政范围内的责任形式，有权作出滞纳金处罚的只能是行政机关。因此，物业公司收取滞纳金显然是不合适的。

业主逾期交纳物业费的行为是一种违约行为，带来的行为后果是承担违约责任，因此，物业公司在合同中约定的“滞纳金”其实是属于违约金，一方当事人违约，应向另一方支付金钱，是一种民事责任形式，目的是要公平地解决守约方因违约行为造成的损失。因此，物业公司虽然无法收取“滞纳金”，但是可以依据合同的相关条款收取违约金，也就是说，物业公司在服务合同中约定业主若逾期交纳物业费，则需要按照一定的标准支付违约金是没有问题的。

92. 邻居违章搭建，业主可以拒交物业费吗？

现实生活中，有些业主会存在疑问，邻居违章搭建，影响了自家的采光、出行，还影响了小区的整体环境，自己屡次向物业反映情况，但都未能解决问题。那么，业主因此一气之下决定拒交物业费，这样的行为能得到法律的支持吗？

邻居违章搭建并不是业主可以不交物业费的合理、合法理由。实际上，物业公司并非行政机关，并没有行政权力，它仅可以在合理范围内对违章搭建的业主进行规劝、制止，并报告业委会和有关行政管理部门，物业公司并没有权力强制拆除违章建筑。此外，若业主认为邻居的违章搭建侵犯了自己的合法权益，可以向人民法院提起诉讼，寻求法律的帮助。

93. 闲置房屋是否应当交纳物业费？

生活中，有的业主购置房屋后没有及时入住，那么闲置的房屋是否还需要交纳物业费呢？例如，赵小姐向开发商购买了小区房屋，自购房收楼后一直未入住该小区，也从未交纳过物业费，因此被物业公司告到法院，赵小姐认为房屋闲置，不必交物业费。最终，法院经审理认定赵小姐应依约交纳物业费。

《物业管理条例》第41条第1款规定，业主应当根据物业服务合同的约定交纳物业费。因此，虽然是空置的房屋，但是业主已经签订物业服务合同，业主就应该根据物业服务合同的约定交纳物业费。

根据《最高人民法院关于审理物业服务纠纷案件具体应用法律若干问题的解释》第6条规定："经书面催交，业主无正当理由拒绝交纳或者在催告的合理期限内仍未交纳物业费，物业服务企业请求业主支付物业费的，人民法院应予支持。物业服务企业已经按照合同约定以及相关规定提供服务，业主仅以未享受或者无需接受相关物业服务为抗辩理由的，人民法院不予支持。"由此可见，业主以房屋闲置，未享受物业服务为由拒绝交纳物业费，难以得到法律的支持。业主对建筑物专有部分以外的共有部分，享有权利，承担义务，不得以放弃权利为由不履行义务。业主虽然未享受到物业公司对其房屋专有部分的服务，但是不能否定物业公司对其房屋专有部分以外的共有部分乃至整个小区进行了物业服务。

物业公司入驻并按合同约定提供相应的物业管理服务，业主应当依约交纳物业费，作为物业公司，当业主存在拖欠物业费的情况时，应当及时进行催告催收，此外，还可在物业管理服务合同中明确约定，闲置房屋也应当按照相同标准交纳物业费用，以避免诉累。

94. 房屋出租后，物业费应该由业主交还是租客交？

现实生活中，物业服务合同的双方是业主与物业公司，合同约定的权利义务亦由双方承担，由业主承担交纳物业费的责任。但如果业主将自家房子出租，并且双方的租赁合同约定物业费由租客交纳的，那么，若租客不交纳物业费，物业公司可以向业主追讨吗？

根据《物业服务收费管理办法》第15条第2款："业主与物业使用人约定由物业使用人交纳物业服务费用或者物业服务资金的，从其约定，业主负连带交纳责任"以及《最高人民法院关于审理物业服务纠纷案件具体应用法律若干问题的解释》第7条："业主与物业的承租人、借用人或者其他物业使用人约定由物业使用人交纳物业费，物业服务企业请求业主承担连带责任的，人民法院应予支持"的规定，若业主将房屋出租，租赁合同上约定由承租人交纳物业费的，这种约定只在业主与租客之间有效，若租客按照租赁合同的约定交纳相应的物业费，则业主不用承担交纳物业费的责任；若租客拖欠物业费，那么物业公司有权要求业主对租客拖欠的物业费承担连带责任。

业主与承租人之间的租赁合同关系和业主与物业公司的物业服务合同关系是两个不同的法律关系，业主与承租人签订的租赁合同只能对租赁双方的权利义务作出约定，并且这种约定不得对抗第三人，不得通过合同损害第三方的权利，即不得损害物业公司的利益，若出现了物业承租人拖欠物业费的情况，物业公司是可以凭借与业主签订的物业服务合同来要求业主交纳物业费的。

如果业主要将交纳物业费的责任转移给承租人，则需得到物业公司的同意，否则，业主无法免除承担交纳物业费的责任。

95. 前手业主拖欠的物业费，后手业主要埋单吗?

在二手房买卖中，经常会发生前手业主拖欠物业费，而物业公司要求后手业主补全的纠纷。那么，前手业主拖欠的物业费，后手业主有义务埋单吗?

物业服务合同是一种物业公司提供管理、维护小区内相关设施设备服务，由业主支付报酬的服务合同。根据合同相对性的原则，拖欠的物业费是前手业主与物业公司之间形成的债权债务问题，前手业主享受了此期间的物业服务，就应当支付物业费。作为后手业主而言，他只是购买了前手业主的房产，房产的转移并不意味着物业服务合同中的债务，也就是拖欠物业公司的物业费的转移。因此，前手业主拖欠的物业费，后手业主是没有义务偿还的。后手业主若代为交纳了过户前的物业费，可向前手业主主张偿还。

后手业主在二手房买卖中，为避免自己为前手业主拖欠的物业费埋单，可提前做好以下两个工作：第一，仔细询问前手业主的物业费交纳情况，双方可在房屋买卖合同中约定在办理过户、付清购房款前，前手业主（卖方）应交清物业费、水电费等应由其承担的费用，并附带出示交清上述费用的凭证，并且应亲自找物业管理处主管人员核实房产物业费交纳情况，并要求对物业费是否付清出具书面凭证。第二，为防止前手业主隐瞒拖欠相关费用的事实，双方可在合同中约定一定数额的押金。前手业主在房屋交付后，如果存在拖欠费用的，后手业主可以用预留的押金进行支付；如果未拖欠的，则将押金予以退还。

96. 小区大妈跳广场舞扰民，业主可否以拒交物业费抗议？

广场舞是近年来一种独特的文化现象。清晨或夜晚，跳舞爱好者就会聚集在各种公共场地，放上音乐，翩翩起舞。她们大多是退休人员，跳广场舞让她们在健身之余愉悦身心。不过，对于许多年轻人来说，广场舞播放音乐的噪声让他们不胜其扰。家住南明小区的陈女士就对这一现象很是恼火，她的小区每天有两轮广场舞，清晨夜晚都要进行，因为小区都是高层建筑，所以回音更大。业主们多次向物业投诉，物业让保安去干涉，可根本没用。大妈们理直气壮地说：“我们在小区的公共场所跳舞碍着谁了？难道我们没有权利运动健身吗？”保安不敢得罪大妈，只得悻悻离去。陈小姐认为物业公司对此事毫无作为，损害了业主们的利益，于是拒绝交纳物业费以示抗议。但是，这种形式的抗议真的合适吗？

一般而言，物业公司与业主存在物业服务合同关系，物业公司提供物业服务，业主应当依法交纳物业费。业主以未能有效解决大妈跳广场舞扰民一事认为物业公司未尽职而拒交物业费，没有法律依据，难以获得法院支持。

做文明业主是每一个业主的分内之事，但不是每一个业主都能自觉做到。当出现广场舞扰民的情况时，物业公司可以从正面多加引导，协调广场舞场地及时间。

97. 业主拖欠物业费、公摊水电费，物业公司有权停水停电吗？

一般情况下，物业公司经过合法的选聘手续成为小区的管理者，以《物业服务合同》为基础展开工作。物业公司根据物业服务合同约定的内容提供服务，而业主作为享受服务的一方，应当依照物业服务合同的约定履行交纳物业费的义务。

根据《物业管理条例》第44条的规定："物业管理区域内，供水、供电、供气、供热、通信、有线电视等单位应当向最终用户收取有关费用。物业服务企业接受委托代收前款费用的，不得向业主收取手续费等额外费用。"业主的水电费是物业公司帮供水供电单位代收的，即业主所使用的水电是来源于其与供水供电单位的合同关系。若业主违反合同约定，拖欠水电费，供水供电单位有权依据供水供电合同的约定，停止向业主供水供电。而物业公司与业主是物业服务合同关系，不同于业主与供水供电单位的合同关系，无权对业主采取停水停电措施。因此，若业主拖欠物业费、公摊水电费的，物业公司无权擅自停水停电。

当业主拖欠物业费、公摊水电费时，物业公司的正确做法是向居民委员会、业主委员会反映，并要求其协助催促业主交纳拖欠的物业费、公摊水电费。若业主仍拒不交纳，物业公司可以向法院起诉追讨物业费、公摊水电费，并要求业主一并支付违反合同约定义务的违约金。

就此而言，当业主拖欠物业费、公摊水电费时，物业公司无权、也不宜采用停水停电的方法。若因物业公司擅自停水停电造成业主损失，物业公司可能面临赔偿业主损失的风险。

98. 居住在一楼的业主可以不交纳电梯费吗?

为了方便住户出入，现在的小区几乎都安装了电梯，尤其是对楼层比较高的住户来说更是离不开电梯。但相反的是，居住在一楼的住户几乎不需要用电梯，那么，一楼的业主可以以未使用电梯为由不交纳电梯费吗?

根据《民法典》第273条第1款："业主对建筑物专有部分以外的共有部分，享有权利，承担义务；不得以放弃权利为由不履行义务”以及《最高人民法院关于审理物业服务纠纷案件具体应用法律若干问题的解释》第6条“……物业服务企业已经按照合同约定以及相关规定提供服务，业主仅以未享受或者无需接受相关物业服务为抗辩理由的，人民法院不予支持”的规定，电梯是建筑物的共用设施，属于全体业主共同所有。只要业主所购买的住宅附带有电梯这一公共设施，那么，公共设施产生维护和管理费用是需要整栋楼层的业主共同承担的。因此，一楼的业主不得以在日常生活中不使用电梯为由不交纳电梯费用，即“不得以放弃权利为由不履行义务”。

不可否认的是，相比于高层的住户而言，一楼住户确实存在少用电梯的事实。出于公平考虑，一楼的业主可以向物业公司申请少交或者免交电梯费，至于少交的数额，应由物业公司和业主委员会来最终确定。未经确定的，一楼业主不能以未使用过电梯为由不交电梯费。

99. 新旧物业交替，业主错交物业费怎么办？

不当得利，是指没有合法依据，有损于他人而取得利益。不当得利的法律事实发生以后，就在不当得利人与利益所有人之间产生了一种权利义务关系，即利益所有人有权请求不当得利人返还不应得的利益，不当得利者有义务返还。

小区物业公司更换，在旧物业公司退场，新物业公司进场之际，业主误把应当交给旧物业公司的物业费交给了新进场的物业公司，此时，新进场的物业公司尚未开展物业管理服务，其收到的这笔物业费就构成不当得利。

根据《民法典》第985条规定："得利人没有法律根据取得不当利益的，受损失的人可以请求得利人返还取得的利益，但是有下列情形之一的除外：（一）为履行道德义务进行的给付；（二）债务到期之前的清偿；（三）明知无给付义务而进行的债务清偿。"新进场的物业公司应当向业主退还被误交的物业费。

此外，物业服务合同是双方当事人的真实意思表示，合法有效。旧物业公司依法提供了物业管理服务，业主应当向旧物业公司交纳对应期间内的物业费。

100. 小区绿化用水的水费是否应该由业主分摊？

小区业主曾某长期拖欠物业公摊水费，物业公司认为，小区绿化面积达到8000平方米，绿化浇水、冲洗路面都需要用水，所产生的水费为公摊水费，亦为物业公司先行垫付，理应由曾某分摊。曾某认为，业主每月向供水公司交纳的水费中已包含了公摊水费，物业公司无权再向业主收取公摊水费。

法院经审理后认为，结合小区的公用的实际情况，物业公司向小区业主收取的公摊水费为每月每户 1.1 元，公摊电费为每月每户 2 元，收费标准在合理的范围内，且曾某在欠费前一直以上述收费标准向物业公司支付公摊水电费，最终法院对物业公司以上述标准收取曾某欠费期间的公摊水电费予以支持。

物业公司与小区业主签订的物业服务合同，符合平等自愿、协商一致的原则，双方意思表示真实，其内容没有违反法律或行政法规的强制性规定，合法有效。签订物业管理服务合同时，明确约定了公摊水电费的收取方式方法，业主应当按照合同约定对公摊水费进行分担。若物业合同中约定公摊水电费先由物业公司预收，同时约定公摊水电费按实收取，全体业主共同合理分摊，那么物业公司需要与业主结算并公示后，按实收取。

此外，根据“谁受益，谁承担”的原则，公摊水电费由小区业主共同承担也具有一定的合理性。物业公司向小区业主收取的公摊水费的标准应在合理范围内，若小区各业主也一直是按此标准交纳的，那么当业主拒绝公摊之时，法院通常会支持物业公司。

101. 小区楼道的灯泡坏了，应该由谁出钱维修？

花园小区 12 号楼公共楼道的灯泡坏了，业主们向物业公司提出维修更换的要求。物业公司称虽然楼道的灯属于公共照明灯，一般来说确实应由物业公司负责更换，但物业公司并没有收取小区里的公共耗能费，所以楼道的灯泡需要由12号楼的业户负责出钱购买更换。但12号楼的业主则认为楼道的灯泡属于小区公共照明，理应由物业公司更换，让业主买新灯泡更换没有道理。那么，小区的公共照明灯坏了，究竟应该谁出钱维修更换呢?

根据《物业管理条例》第34条第2款规定："物业服务合同应当对物业管理事项、服务质量、服务费用、双方的权利义务、专项维修资金的管理与使用、物业管理用房、合同期限、违约责任等内容进行约定。"《物业管理条例》第35条第1款规定："物业服务企业应当按照物业服务合同的约定，提供相应的服务。"因此，业主与物业公司的物业服务合同应当就物业管理事项、服务质量、服务费用、双方的权利义务、专项维修资金的管理与使用、物业管理用房、合同期限、违约责任等内容进行明确的约定，物业公司应当在履行物业服务内容时按照合同的约定进行。

就此而言，如果业主委员会与物业公司在物业服务合同中没有约定物业公司代为收取公共耗能费的，那么楼道灯泡更换产生的费用就应该由使用灯泡的整个单元的住户承担，物业公司无义务出钱更换公共楼道的灯泡。

102. 物业公司追讨物业费有诉讼时效限制吗?

诉讼时效是指民事权利受到侵害的权利人在法定的时效期内不行使权利，当时效期满时，人民法院对权利人的权利不再进行保护的制度。诉讼时效是为了督促权利人及时地行使权利，如果权利人在诉讼时效内不行使权利，那么诉讼时效过了以后就不再享有胜诉权。这意味着，在法律规定的诉讼时效期间内，权利人提出请求的，人民法院就强制义务人履行其所承担的义务。而在法定的诉讼时效期满之后，权利人行使请求权的，人民法院不再对权利人的权利予以保护。

根据《民法典》第 188 条规定:“向人民法院请求保护民事权利的诉讼时效期间为三年。法律另有规定的，依照其规定。诉讼时效期间自权利人知道或者应当知道权利受到损害以及义务人之日起计算。法律另有规定的，依照其规定。但是，自权利受到损害之日起超过二十年的，人民法院不予保护，有特殊情况的，人民法院可以根据权利人的申请决定延长。”由此可见，追讨物业费的诉讼时效为 3 年，如果物业公司未在 3 年诉讼时效内提出维权诉讼，那么其将失去胜诉权。

现实生活中，大多数物业公司是按月收取物业费的，每月物业费作为在合同履行过程中不断产生的定期给付债务，履行期限届满后均为独立债务，具有可分性，因此不应认定为分期履行的同一债务，物业费的诉讼时效期间应自每一期债务履行期限届满之日起分别计算。例如，某业主自2019年1月至2019年6月均拖欠物业费，那么第一期物业费，即2019年1月的物业费，应自2019年2月1日起计诉讼时效期间，第二期物业费，即2019年2月的物业费，即应自2019年3月1日起计算诉讼时效期间。因此，当业主出现拖欠物业费情况时，物业服务企业应当及时催收，并保留好催收证据，以避免因超过诉讼时效而丧失胜诉权。

103. 物业公司可以要求业主预交物业费吗?

在大家的印象中，物业费一般都是按月收取的。而实践中，有的业主在新购房后会发现，物业公司打着为了更好地给业主提供服务的旗号，要求业主预交5年的物业费，这种要求是否合法呢?

《物业管理条例》第40条规定："物业服务收费应当遵循合理、公开以及费用与服务水平相适应的原则，区别不同物业的性质和特点，由业主和物业服务企业按照国务院价格主管部门会同国务院建设行政主管部门制定的物业服务收费办法，在物业服务合同中约定。"物业费的交费时间和交费期限会在物业服务合同中明确约定，双方都应依约履行，物业公司没有权力要求业主预交5年的物业费。

《民法典》第6条规定："民事主体从事民事活动，应当遵循公平原则，合理确定各方的权利和义务。"物业费的收取还应当遵循公平原则，与业主的承受能力相适应，业主新购房屋，尚未实际享受物业服务，便要先行预交5年的物业费，显然有悖于公平原则。

此外，部分地区允许物业公司预收物业费，但预收的期限一般不得超过一年。如《江苏省物业服务收费管理办法》第16条规定，物业服务企业可以根据物业服务合同预收物业公共服务费用，但预收的期限最长不得超过一年。

104. 小区顶楼的屋顶漏水，维修费应该由谁承担？

某小区10号楼A单元共有6户居住，业主罗某居住在A单元顶层。该小区的楼房因年久失修、防水老化，在暴风雨后经常导致楼顶大面积漏水，罗某家的客厅、卧室、卫生间的天花板、木地板都出现了不同程度的损坏和变形，严重影响罗某的正常生活。罗某通知了物业公司，物业公司派人查看后确认了顶层大面积漏水的事实，但房屋早已超过开发商保修期限，且大部分业主没有交纳房屋本体维修资金。在此情况下，维修费用应当罗某自负还是由10号楼全体业主均摊呢？

根据《最高人民法院关于审理建筑物区分所有权纠纷案件具体应用法律若干问题的解释》第3条规定，建筑物的基础、承重结构、外墙、屋顶等基本结构部分，属于共有部分。也就是说，上述案例中漏水的顶层部分，属于业主共有部分。

根据《民法典》第273条第1款规定："业主对建筑物专有部分以外的共有部分，享有权利，承担义务；不得以放弃权利为由不履行义务。"漏水部位为楼顶，属于业主共有部分，应当由全体业主享有权利，承担义务，其他楼层的业主不得以自己从未使用顶层部分，或放弃使用顶层部分为由拒绝承担相应义务。在房屋已经超出保修期限，且无法申请使用维修资金的情况下，楼顶漏水的维修费用理应由全体业主共同承担。

《民法典》第283条规定："建筑物及其附属设施的费用分摊、收益分配等事项，有约定的，按照约定；没有约定或者约定不明确的，按照业主专有部分面积所占比例确定。"因此，若业主之间已就费用分摊事宜有约定的，则按照约定进行分摊，若业主之间对于建筑物维修费用分摊没有约定的，则应该按照专有部分占建筑物总面积的比例确定分摊数额。

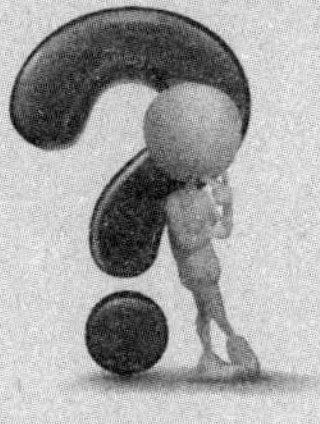

第六章

CHAPTER 6

小区内的人身、财产损害

105. 电动车充电时爆炸引发火灾应该由谁担责？

为了出行方便，很多人会购买电动车作为代步工具。电动车虽然使用方便，但是因电动车充电发生爆炸的新闻也屡见不鲜。某小区的业主赵某的电动车在充电时因电线短路发生爆炸，引燃了可燃物导致火灾，造成其他业主的车辆损毁。受害业主认为，除赵某外，物业公司应当一并承担赔偿责任。因为物业公司向他们收取了物业费，对车辆负有管理义务，物业公司在火灾发生后没有及时发现火势并实施扑救，应该对车辆的损毁行为负责。那么，电动车充电时爆炸引发火灾，应该由谁担责呢？

因果关系的存在是判断是否承担赔偿责任的主要因素，造成事故发生的侵权责任人应该为此负责。在前述电动车爆炸事件中，起因是赵某的电动车电线短路，引燃可燃物导致火灾发生，造成了其他业主车辆损毁。因此，赵某作为侵权人，需要承担相应的赔偿责任。

对于物业公司而言，是否要承担赔偿责任则需要看其是否履行了相应的管理义务，是否对火灾及火势扩大存在过错。物业公司尽到管理和注意的义务，相关保安人员在火灾发生后应当及时报告情况并报警，若之后火势增大到已非小区物业公司所能控制和扑灭的情况下，则可以认定物业公司对其他业主车辆的损毁并无过错，此时，物业公司无须承担任何赔偿责任。若物业公司怠于履行管理义务，自身存在过错的，则需根据过错承担责任。

因此，物业公司应规范小区电动车的停放及充电管理，对业主违反规定停放电动车，违规私拉电线对电动车进行充电的现象，要及时采取合理措施制止，尽职尽责地做好安全管理工作，规范小区内电动车的使用行为。

106. 物业公司应当如何保障小区的消防安全？

过错责任原则是以行为人主观上的过错为承担民事责任的基本条件的认定责任的准则。根据过错责任原则，当事人只有在有过错的情况下，才需要承担民事法律责任。当小区发生火灾，物业公司是否要承担责任，也是根据过错责任原则来认定的。若物业公司并无过错的，自然无须承担赔偿责任。因此，物业公司应重视小区的消防安全工作。

物业公司应当管理好、维护好小区的消防设施。《消防法》第 18 条第 2 款规定："住宅区的物业服务企业应当对管理区域内的共用消防设施进行维护管理，提供消防安全防范服务。"《消防法》第 29 条规定："负责公共消防设施维护管理的单位，应当保持消防供水、消防通信、消防车通道等公共消防设施的完好有效。在修建道路以及停电、停水、截断通信线路时有可能影响消防队灭火救援的，有关单位必须事先通知当地消防救援机构。”因此，物业公司应注意对小区内消防设施进行维护，可通过定期检查等方式确保消防设施完好有效。当小区内出现业主占用消防通道等存在消防隐患的行为时，物业公司可以及时予以制止。物业公司要警惕因管理不善导致消防设施无法使用而耽误了扑火时机。物业公司针对业主的违规危险行为要及时进行制止。如果业主违规在小区内燃放烟花爆竹或私自拉电线对电动车蓄电池进行充电，物业公司要对这类违规行为及时进行处理。否则，可能因为管理不善而需对火灾损害承担一定的赔偿责任。

物业公司应制定《消防紧急预案》，并定时对保安进行火灾扑救演练，重视小区内的消防问题。在火灾发生时，物业公司要及时启动紧急预案，积极报警及救火，在保障人身安全的前提条件下将损失降到最低。

107. 小区流浪狗咬伤路人，由谁承担赔偿责任？

《民法典》第1166条规定：“行为人造成他人民事权益损害，不论行为人有无过错，法律规定应当承担侵权责任的，依照其规定。”这就是无过错责任原则，它是指损害的发生既不是加害人的过错也不是受害人的过错或第三人的过错造成，但法律规定由加害人承担民事责任的一种特殊的责任认定原则。根据《民法典》第1245条规定：“饲养的动物造成他人损害的，动物饲养人或者管理人应当承担侵权责任；但是，能够证明损害是因被侵权人故意或者重大过失造成的，可以不承担或者减轻责任。”我国对于饲养动物造成损害的侵权责任的认定采取的就是无过错责任原则，也就是说，如果自家饲养的宠物咬伤了他人，主人就要承担侵权赔偿责任，而不论主人是否存在过错。除非被咬伤的路人自己存在过错，比如存在恶意挑逗动物导致被咬的行为时，动物的主人才能不承担或减轻赔偿责任。依据《民法典》的规定，家养宠物狗咬伤路人时，可以找到明确的责任承担主体，即宠物狗的主人。那么当小区里的流浪狗咬伤了路人，应该由谁来承担赔偿责任呢？

《最高人民法院关于审理人身损害赔偿案件适用法律若干问题的解释》第6条规定：“从事住宿、餐饮、娱乐等经营活动或者其他社会活动的自然人、法人、其他组织，未尽合理限度范围内的安全保障义务致使他人遭受人身损害，赔偿权利人请求其承担相应赔偿责任的，人民法院应予支持。因第三人侵权导致损害结果发生的，由实施侵权行为的第三人承担赔偿责任。安全保障义务人有过错的，应当在其能够防止或者制止损害的范围内承担相应的补充赔偿责任。安全保障义务人承担责任后，可以向第三人追偿。赔偿权利人起诉安全保障义务人的，应当将第三人作为共同被告，但第三人不能确定的除外。”

因此，在小区这个特定的区域里，物业公司作为小区物业管理者，对小区负有安全保障义务，如果小区内出现流浪狗，物业公司应当及时进行处理，采取合理的措施防止流浪狗伤人。物业公司对物业管理范围内的流浪狗疏于防范或未及时进行处理，任由流浪狗长期在小区内活动的，物业公司对流浪狗咬伤路人的结果就存在过错，物业公司将需要承担一定的赔偿责任。如果物业公司能找出流浪狗的原主人或临时饲养人，可就已经赔偿给受害人的部分向原主人或临时饲养人进行追偿。

108. 物业公司张贴告示点名批评业主是否构成侵权？

林某入住小区后存在拖欠物业费的情况，物业公司多次上门催收，林某还是拒绝交纳。于是，物业公司在小区公告栏里张贴告示，点名批评了林某拖欠物业费的行为。林某得知后非常生气，认为物业公司侵犯了自己的名誉权。那么物业公司此举是否构成侵权呢？

名誉权是人格权的一种，是人们依法享有的对自己所获得的客观社会评价、排除他人侵害的权利。任何人都不得损害他人的名誉，凡败坏他人名誉，损害他人形象的行为，都是对名誉权的侵犯，行为人应负法律责任。

物业公司张贴告示公开点名批评业主的行为是不恰当的，极易引发业主与物业公司之间的冲突。如果物业公司只是客观公布了业主未交物业费的事实情况，不存在虚构事实、辱骂业主、贬低业主人格和名誉的语言的，则不构成侵犯业主的名誉权。

部分省市地区的规定是允许物业公司公示业主不交纳物业费情况的。例如，《江苏省物业管理条例》第84条规定，业主未依约交纳物业费的，物业公司可以通过上门催交、在物业管理区域内显著位置公示等形式，督促其限期交纳。《合肥市物业管理若干规定》第36条第2款规定："业主应当按时足额交纳物业服务费用。未按时足额交纳的，物业服务企业可以在物业管理区域内将未交费业主名单及欠费情况予以公示催交。"

如果物业公司采取张贴告示等公示方式催收物业费，一定要注意把握尺度，对于公示的内容要进行严格审核，确保公示的内容是客观事实，并且避免泄露业主的身份证号码等个人信息，否则可能构成侵犯业主的隐私权。物业公司也可以选择仅公示门牌号码从而避免公开业主的个人信息。

109. 出租屋玻璃掉落伤人，业主是否需要赔偿？

某业主购买了房屋后并没有自住，而是出租给他人。一天，租客打开窗户的时候，窗户玻璃突然掉落砸伤路人。双方因为赔偿问题起了争执，租客认为自己虽然开了窗，但没想到窗户玻璃会掉落，一定是窗户质量有问题，应该由业主负责。业主则认为错在租客，窗户质量没有问题，如果不是租客使用不当，窗户玻璃就不会掉落。

根据《民法典》第 1253 条的规定：“建筑物、构筑物或者其他设施及其搁置物、悬挂物发生脱落、坠落造成他人损害，所有人、管理人或者使用人不能证明自己没有过错的，应当承担侵权责任。所有人、管理人或者使用人赔偿后，有其他责任人的，有权向其他责任人追偿。”也就是说，窗户玻璃掉落砸伤路人，如果业主和租客不能证明自己没有过错，就应当承担侵权责任。在上述案例中，业主和租客都无法证明自己没有过错，因此两人应该共同对受伤的路人承担赔偿责任。

业主作为房屋的所有人及管理人，即使将房屋租给租客使用，也需要尽到租赁关系中的基本义务。也就是说，作为房东，应当对出租房屋尽到安全检查义务，并且及时对房屋进行修缮管理，以免房屋存在安全隐患，造成他人受伤。租客作为房屋的使用人，也一样要承担对房屋设施进行维护的义务，妥善使用房屋，如在狂风暴雨天气要注意关闭门窗，如果房屋发生损坏，应及时通知业主进行修缮。

110. 业主家中财产失窃，物业公司是否需要赔偿？

小区业主家中的财产被盗，在无法抓获窃贼的情况下，业主往往会归责于物业公司没有履行好相应的职责，致使窃贼进入小区实施偷窃。在此情况下，受害业主通常会以物业公司未能按照《物业服务合同》的约定履行相应的安全防范义务为由，要求物业管理公司承担赔偿责任。那么，物业公司究竟是否需要赔偿呢？

根据《民法典》第942条规定，物业公司应当维护物业服务区域内基本秩序，采取合理措施保护业主的人身、财产安全。《物业管理条例》第45条规定："对物业管理区域内违反有关治安、环保、物业装饰装修和使用等方面法律、法规规定的行为，物业服务企业应当制止，并及时向有关行政管理部门报告。有关行政管理部门在接到物业服务企业的报告后，应当依法对违法行为予以制止或者依法处理。"物业公司对小区内治安具有安全防范义务，应尽到基本的安全监管责任，比如安排保安对小区进行日常的安全巡查、对外来人员进行登记、及时维修维护监控设备，等等，而对具体业主个人的家中财物并无保管和看护的责任。因此，业主家中被盗，不可归因于物业公司，物业公司无须赔偿。

《物业管理条例》第2条规定："本条例所称物业管理，是指业主通过选聘物业服务企业，由业主和物业服务企业按照物业服务合同约定，对房屋及配套的设施设备和相关场地进行维修、养护、管理，维护物业管理区域内的环境卫生和相关秩序的活动。"因此，物业公司提供的物业管理服务，是指按物业服务合同的约定对小区进行维修、养护、管理，维护物业管理区域内的环境卫生和秩序，并且协助做好物业管理区域的安全防护工作。

小区业主因屋内财产被盗，要求物业公司承担赔偿责任的，业主需要举证证明物业公司没有按照物业服务合同的要求履行义务，在履行物业管理职责过程中存在过错。物业管理公司应提供证据证实自己在提供物业服务的过程中已经充分尽到了安全保障义务，以此来免除承担小区业主财产失窃的赔偿责任。如果物业公司在提供物业服务的过程中没有明显过错，对业主的损失不承担赔偿责任。物业公司是否存在过错，关键看物业公司是否严格履行了物业服务合同约定的义务。如果物业公司在提供的服务中已按照合同要求采取了有效的防范措施，尽到保障业主财产安全义务的，无须承担责任。因此，物业公司在平时提供物业服务的过程中，应当通过增派保安人手、加强巡逻次数等，采取严格的防控措施，切实履行安全防护义务，同时，物业公司需做好相应的工作记录，如巡查记录表、人员出入登记表等以证明自己已经按照物业服务合同约定，充分履行了义务。当发生业主财产被盗等纠纷时，物业公司应及时协助业主报警，配合警察调查，提供小区内的监控视频等。除此之外，业主也应该加强安全防范意识，出门之前要注意关闭门窗，对于贵重的财产，还可以通过购买财产保险的方式来转嫁风险。

111. 物业公司作业时未尽提醒义务导致业主受伤怎么办？

一天，小区物业公司的工作人员使用洗地机在该小区大堂外进行清洁，洗地机的电线经过货梯门口，小区业主叶某步行经过大堂进入货梯时被电线绊倒摔伤。随后，叶某被送往医院住院治疗。司法鉴定中心为叶某出具了鉴定意见书，意见显示叶某伤残程度为十级。叶某认为小区的物业管理公司未尽安全保障义务导致其受伤，应当承担赔偿责任，物业公司拒绝对此进行赔偿，于是叶某向法院提起诉讼。

物业公司作为管理人应当尽到安全保障义务。洗地机的电线从大堂内货梯旁边的电井房一直拉到大堂外，电线经过货梯门口，大堂和电梯口属于人员频繁出入的公共区域，物业公司的该行为明显具有安全隐患。同时，货梯门口光线较暗，地板颜色较深，不易发现地板电线，物业公司并未安排工作人员在现场提醒经过的住户，对于叶某被货梯入口前的电线绊倒存在过错，物业公司应对叶某的损失负全部赔偿责任。

根据《民法典》第1198条规定，公共场所的管理者未尽到安全保障义务，造成他人损害的，应当承担侵权责任。物业公司作为小区的管理者，负有安全保障义务，如果物业公司作业时存在安全隐患，却没有采取合理的方式对业主进行警示，那么物业公司应该对业主因此受到的损害承担赔偿责任。

物业公司作为小区内的物业服务管理企业，在对小区公共区域进行清洁、维修等作业时，应当尽到安全提醒的义务，例如在作业区域摆放安全提示牌警示业主，或安排工作人员现场指引通行的业主。

112. 业主因台风遭受的财产损害，物业公司需要承担赔偿责任吗？

叶某是小区业主，因台风登陆，致使他停放在小区树下的车辆因树干折断而被砸坏。叶某认为，在台风来临之前，他就曾提醒过物业公司的工作人员，要求物业公司派人对小区内的树干进行加固，做一些防范树干折断的措施，但物业公司的工作人员置之不理。而且，物业公司在台风来临之前，也没有积极引导住户将停放在户外的车辆转移到地下停车库。基于此，叶某认为物业公司存在过错，应该赔偿他的车辆所遭受的损失。

物业公司认为台风是不可抗力，因不可抗力造成业主财物损坏的不应由物业公司来赔偿，其作为小区管理者，在台风登陆之前已经向业主发送了通知，尽到了相应的提醒义务。那么当小区里的业主因台风造成财产损失的，物业公司要承担赔偿责任吗?

《民法典》第180条规定:“因不可抗力不能履行民事义务的，不承担民事责任。法律另有规定的，依照其规定。不可抗力是不能预见、不能避免且不能克服的客观情况。”不可抗力是指不能预见、不能避免并不能克服的客观情况，台风作为一种自然灾害，属于不可抗力。因台风造成业主人身、财产损害的，物业公司不需要承担赔偿责任，除非物业公司未尽安全保障义务，存在过错。

物业公司作为小区的物业管理服务企业，对小区负有管理的义务。物业公司在管理的过程中遇有自然灾害天气时理应做好相应的提示和安全防范工作。在灾害天气来临前，物业公司要及时通知住户，并做好安全防护措施，否则，因此造成业主损失的，物业公司要为自己怠于履行管理职责的行为负责，要对业主的损失承担相应比例的赔偿责任。

在上述案例中，叶某明知道台风即将来临，还将车辆停放在树下，其自身存在明显的过错。物业公司已经将台风登陆情况提前向业主进行了通知，已经尽到了应有的义务。台风属于不可避免的自然灾害，叶某也不能证明树干折断的原因是物业公司疏于管理导致树木枯萎、腐烂所致，因此，物业公司不存在过错，无须对叶某车辆的损坏进行赔偿。

113. 小区业主遭殴打，在场保安未救助，物业公司需要承担责任吗？

业主刘某在小区里与人发生冲突，遭到殴打，正好物业公司的保安巡逻路过，刘某大声呼救，但该保安置之不理，刘某最终被打成重伤。刘某认为物业公司应该积极维护小区秩序，若不是因为保安没有及时救助，他不会重伤至此，于是，刘某向法院起诉，要求物业公司赔偿他的损失。

根据《民法典》第1198条的规定："宾馆、商场、银行、车站、机场、体育场馆、娱乐场所等经营场所、公共场所的经营者、管理者或者群众性活动的组织者，未尽到安全保障义务，造成他人损害的，应当承担侵权责任。因第三人的行为造成他人损害的，由第三人承担侵权责任；经营者、管理者或者组织者未尽到安全保障义务的，承担相应的补充责任。经营者、管理者或者组织者承担补充责任后，可以向第三人追偿。”因此，物业公司作为小区的管理者，负有安全保障的义务，当遇到业主遭受殴打等危险情况时，需要进行及时救助。在上述案例中，物业公司保安对业主的呼救置之不理，未予以救助，虽然物业公司的保安并非直接的施暴者，但其没有履行安全保障义务，存在过错，应当对业主受伤后果承担相应的赔偿责任。

另外，《物业管理条例》第46条规定物业服务企业应当协助做好物业管理区域内的安全防范工作。发生安全事故时，物业服务企业在采取应急措施的同时，应当及时向有关行政管理部门报告，协助做好救助工作。物业服务企业雇请保安人员的，应当遵守国家有关规定。保安人员在维护物业管理区域内的公共秩序时，应当履行职责，不得侵害公民的合法权益。物业公司作为小区的管理者，聘请保安是为了更好地维护小区的安全，当业主在小区内发生遭人殴打等人身损害事故时，物业公司不仅应当进行及时制止与救助，还应当及时报警。

114. 房屋玻璃脱落砸坏汽车，物业公司要担责吗？

过错推定原则，是指当发生损害结果时，如果加害人无法证明其本身对该损害结果没有过错，则推定其存在过错，需要承担赔偿责任。根据《民法典》第1253条规定："建筑物、构筑物或者其他设施及其搁置物、悬挂物发生脱落、坠落造成他人损害，所有人、管理人或者使用人不能证明自己没有过错的，应当承担侵权责任。所有人、管理人或者使用人赔偿后，有其他责任人的，有权向其他责任人追偿。"房屋玻璃脱落采取的归责原则就是过错推定原则，也就是说玻璃的主人或管理人只有在证明自己没有过错的情况下，才可以不承担责任，否则就推定他们有过错，应该承担赔偿责任。

如果脱落的玻璃是属于业主的专有部分的，而且业主不能证明对于玻璃的脱落没有过错的，则应当对汽车的损坏予以赔偿。此时，物业公司无须承担责任，因为业主对专有部分玻璃是独立使用的，并且排除他人干涉。

《民法典》第285条第1款规定："物业服务企业或者其他管理人根据业主的委托，依照本法第三编有关物业服务合同的规定管理建筑区划内的建筑物及其附属设施，接受业主的监督，并及时答复业主对物业服务情况提出的询问。"物业公司受业主委托，应当依据物业服务合同妥善管理建筑物及其附属设施。如果脱落的房屋玻璃属于物业管理区域的公共部分，例如楼道窗户玻璃，物业公司不能证明对损害的发生没有过错的，那么就要对汽车的损坏承担赔偿责任。

115. 停车开门撞坏路过车辆，小区物业设置路障是否有责任？

一天，刘某驾驶小客车停靠于小区物业公司设置的路障边上，恰好徐某骑自行车行至此处，当车辆并排时，刘某从车上打开车门，与徐某骑的自行车相擦，导致徐某倒地受伤，自行车损坏。徐某要求刘某、物业公司赔偿自己受到的人身和财产损失遭到拒绝，于是徐某诉至法院要求刘某、物业公司承担赔偿责任。

物业公司认为，因小区门口违章停车过多，于是在小区门口机动车道和非机动车道隔离地带放置了几个塑料桩，路障不影响通行，物业公司对于此次事件没有过错，因此不必承担赔偿责任。

法院经审理认为，刘某擅自在机动车道路上违章停车，以至于打开车门时与徐某发生碰撞，导致这起交通事故的发生，应该承担主要赔偿责任。而物业公司擅自在小区门口机动车道与非机动车道之间设置路障，其行为具有一定的违法性。正是因为路障的存在致使刘某的车辆不能靠路边停车，进而引发了此次事故，物业公司设置路障的行为与徐某受伤的结果也存在因果关系。物业公司在事故中的过错要小于刘某，因此，物业公司要承担次要赔偿责任。

随着有车的居民越来越多，许多小区都出现“车满为患”的情况。车多但停车位少，导致有的车主在小区内随意停放车辆。为了防止车主乱停放车辆，部分物业公司会设置路障。《道路交通安全法》第31条规定：“未经许可，任何单位和个人不得占用道路从事非交通活动。”物业公司作为小区的物业管理者，在小区门口机动车道与非机动车道之间设置路障的行为是违法的，稍不留神，这些路障就会引发行车事故。公民、法人由于过错侵害他人人身权利的，应当承担民事责任，对他人身体造成伤害的，应当赔偿由此造成的损失。物业公司设置路障的行为存在过错，若因此导致了他人人身、财产受损，物业公司应当承担赔偿责任。根据《消防法》第28条规定：“任何单位、个人不得损坏、挪用或者擅自拆除、停用消防设施、器材，不得埋压、圈占、遮挡消火栓或者占用防火间距，不得占用、堵塞、封闭疏散通道、安全出口、消防车通道。人员密集场所的门窗不得设置影响逃生和灭火救援的障碍物。”物业公司不得占用消防间距，不得堵塞消防通道、安全出口等。因此，若物业公司设置路障的行为同时是违反了消防法的，其还可能面临消防部门的责令整改或罚款。

116. 把鞋柜放在家门口导致名牌鞋被盗，物业公司要担责吗?

业主关某的房屋玄关处较为狭小，于是他将鞋柜放在家门口的通道中。一天，关某下班的时候将鞋子脱下放进了家门口的鞋柜中，次日准备上班时，发现鞋子不见了。关某的鞋子是某奢侈品牌限量款，价格昂贵，鞋子失窃后他十分愤怒。关某认为自己居住的小区为全封闭式管理，有多道门禁，没有门卡很难入内，哪怕是同单元的邻居，电梯卡也上不了自家以外的楼层。因此，关某认为鞋子的丢失与物业公司管理不善脱不了干系，物业公司应当赔偿他的损失。

很多小区的业主习惯将鞋柜摆放在门口的走廊通道上，而忽略了鞋子可能会丢失的问题。虽然目前许多小区都是全封闭式管理的，设有多道门禁，没有门卡难以进入小区及楼栋内，物业公司还会通过电梯卡进行楼层内部管理，业主即便有电梯卡也上不了自家以外的楼层，但是，就算小区是封闭式管理的，家门口的走廊通道还是属于公共区域，在公共区域摆放鞋子，私自占用走廊通道的行为本身就是不对的。关某将鞋子放在公共区域，应该预料到有丢失的可能性，关某自身存在保管不善的过错。

若业主与物业公司签订的《物业服务合同》中并没有特别约定物业公司要对业主放置在公共区域的私人财物承担保管义务，那么物业公司无须赔偿关某鞋子的损失。就此而言，物业公司在为业主提供公共区域管理服务的过程中，如果发现业主将私人物品摆放在公共区域，要及时向业主发出通知，要求业主清理，并告知业主如果不及时清理导致物品丢失的，业主应当自担风险。为维护小区的安全，物业公司应当谨慎管理小区进出人员，做好人员进出小区登记工作，并安排保安定点值班，定时巡逻，做好小区的安保工作。

在物业公司尽职尽责的前提条件下，如果小区内还是发生了失窃事件，则是物业公司无法预料的。物业公司不是业主私人财物的专管人员，自然也无须为此进行赔偿。如果小区出现盗窃事件，物业公司应当积极配合业主固定失窃现场证据，尽快联系警方进行侦破，维护业主的合法权益。

117. 在写字楼的停车场出入口不慎跌伤，物业公司是否有责任？

一天，赵某在经过某写字楼正在进行维修的停车场的出入口时，不慎被架设的铁丝绊倒。被绊倒后，赵某疼痛难忍，被物业公司的工作人员送往医院治疗，被诊断为右桡骨小头粉碎性骨折，经医疗鉴定已经构成十级伤残。出院后，赵某拿着诊断报告要求写字楼的物业公司赔偿，遭到物业公司的拒绝。物业公司认为，赵某是成年人，在看到写字楼停车场正在维修的情况下应当主动避让，赵某之所以摔倒，是因为她自己走路不小心，错在她本人，不应该让物业公司赔偿。

物业公司作为写字楼的经营管理者，应当承担管理职责，履行安全保障义务，对经营场所设施存在的安全隐患有义务采取措施予以消除。如果物业公司没有采取相应措施，或者没有证据证明自身对停车场出入口潜在的危险状况进行充分的提示、警示，那么物业公司存在过错，应该承担一定比例的赔偿责任。

在上述案例中，写字楼的停车场出入口架设铁丝，铁丝细小不容易看清，物业公司应当设置安全警示标志，或者采取其他隔离措施，尽到安全防护、警示等管理义务。但物业公司并没有对停车场出入口的潜在风险进行任何提示，也没有设置任何警示牌，物业公司未能尽到提醒和消除潜在风险的义务，存在过错，应当承担一定比例的赔偿责任。赵某作为成年人，走路摔伤的后果与她自己没有仔细看路不无关系，也应当自负一部分责任。实践中，法院通常会根据受伤人员和物业公司的过错程度来划分责任承担比例。就此而言，物业公司需注意对所管辖的范围尽到安全保障的义务，存在潜在危险的场所包括景观湖边、井盖、施工维修场地、物业提供保洁服务期间等，物业公司要尽到安全提醒的义务，竖立警示牌，必要时还可以设置护栏将危险场地围起来，禁止通行。

118. 业主将小偷照片贴在小区门口侵权了吗？

《民法典》第 110 条第 1 款规定：“自然人享有生命权、身体权、健康权、姓名权、肖像权、名誉权、荣誉权、隐私权、婚姻自主权等权利。”公民的肖像权、名誉权、隐私权属于公民的人格权，为了公民更有尊严地生活，法律保障公民的人格权利。即使是因犯罪受到法律的惩罚，公民也不丧失人格的权利。因此，即便是小偷，也依法享有人格权。

小区发生盗窃案，经过立案侦查，警方抓获小偷，这本是一件大快人心的事情，但业主是否可以把小偷的照片张贴在小区门口，以儆效尤呢？张贴小偷照片，固然可以起到一定的警示和震慑作用，但此举涉嫌违法。

小偷实施的盗窃行为违法，但该违法行为已经由公安介入调查，证据确凿的，小偷将受到法律的惩罚。但小偷的肖像权、名誉权、隐私权等人格尊严同样受到法律的保护。如果业主将小偷照片张贴在小区门口，可能会侵犯小偷的肖像权。此外，如果业主在张贴照片的同时公布了小偷的个人信息，或存在辱骂小偷、虚构事实等过当言语的，还可能会侵犯小偷的隐私权、名誉权。小偷盗窃影响了业主的安居乐业，但业主在宣泄情绪的同时要注意采取合法行为，避免侵犯他人的合法权益而被追究责任。

物业公司对小区的公共区域有管理的义务，对业主在公共区域实施的行为也负有管理的责任。业主粘贴照片的行为侵犯了小偷的人格权，物业公司不宜置之不理，应当向业主解释相关法律风险，劝告业主撤除照片，劝说无效的，物业公司应主动撤下照片并在公告栏中发出公告，告知业主随意在公共场合公开他人肖像是践踏他人尊严，涉嫌侵权，可能需要承担相应的侵权赔偿责任。

119. 非业主从小区顶楼跳楼，物业公司需要承担责任吗？

某日，陈小姐与男友大吵一架，心情低落。与男友分开后，陈小姐独自走入附近的小区。第二天清晨，小区一居民看到有一名女子倒在血泊中，急忙报警。经公安机关侦查查明，该女子正是陈小姐，她是从小区 A 栋楼的 22 楼过道窗户跳楼身亡。陈小姐的父母伤心欲绝，认为陈小姐不是该小区业主，物业公司不应当未经询问便让陈小姐随意进入小区，而且小区 A 栋楼门禁处于打开状态，22 楼的窗户也处于打开状态，导致陈小姐轻而易举就可以登上 22 楼，并从窗户跳下。物业公司的管理存在重大过错，应该对陈小姐的死亡负责。物业公司认为，陈小姐是成年人，自主选择从小区跳楼，物业公司无法预见也无法控制。

在这个案例中，小区楼道窗户处于开启状态、物业公司的保安没有对陈小姐进入小区进行询问或阻拦、物业公司没有从监控中及时发现陈小姐的可疑及异常行为，与陈小姐的自杀均不存在法律上的因果关系。因此，物业公司无须对陈小姐的自杀行为承担责任。

对于在小区内跳楼自杀的人员，无论是不是业主，其伤亡后果都是自身的选择所造成的，当事人选择跳楼应当可以预见自己会受伤或死亡，但其仍旧选择跳楼，此时，即便物业公司的管理存在瑕疵，物业公司与当事人的跳楼行为都不存在因果关系。当事人因自杀而死亡，不能归责于物业公司的过错，不应由物业公司担责。

如果业主或非业主并非自杀，而是意外坠楼受伤或致死，此时需要考虑物业公司是否存在过错。物业公司提供的物业服务范围基于《物业服务合同》的约定，未按合同的约定履行物业服务的义务的，物业公司要承担因此导致业主的人身、财产安全受损害的赔偿责任。如果物业公司存在管理疏忽，造成业主或外来人员失足坠楼身亡的，那么物业公司基于自身的过错，需要承担相应的赔偿责任。

120. 业主被出入口横杆砸伤，物业公司要承担赔偿责任吗？

物业公司在小区门口设置横杆是为了更好地对小区的进出人员、车辆进行管理，保障小区业主的人身、财产安全。但是当发生因业主抢道被出入口横杆砸伤的情况时，业主存在明显的过错，物业公司还需要承担赔偿责任吗？

一天，赵某驾驶电动车行至小区门口，突然快速变道到小区入口的机动车道上，此时适逢保安放下小区大门拦阻机动车的横杆，赵某不慎被砸伤。赵某认为自己受伤是保安玩忽职守，错误操作导致，而物业公司则认为事故责任在赵某，若不是他加速抢道就不会受伤。

物业公司在小区进出口处设置活动横杆，是为了管理小区机动车进出的秩序。物业公司在操作活动横杆的时候，应该要注意是否有行人或车辆通过，确保通行安全。物业公司的保安在有车辆通过时还放下横杆，疏于注意，致使赵某受伤。物业公司作为用人单位应当就该工作人员造成的损失向赵某承担赔偿责任。而赵某驾驶电动车未靠右通行，且在通过横杆时突然快速变道，自身也存在过失，故可以减轻物业公司的赔偿责任。

物业公司通过设置横杆的方式控制人员进出小区是常见的做法，但是物业公司负有对横杆安全使用的职责与义务，负责维护进出口秩序的保安人员对业主抢道的行为要十分警惕，要么及时拦下业主，要么及时控制横杆的升降。否则业主被横杆砸伤的，物业公司难逃赔偿责任。物业公司可通过在小区大门安装监控摄像的方式，监控小区门口的动态，一旦发生纠纷，可通过监控视频还原事件过程，也可以作为证明自身不存在过错的关键证据。

但在很多情况下，业主会被横杆砸伤，大多是想要抢在横杆落下前经过小区大门而导致的，当业主对自己的受伤结果存在过错时，业主也需要承担一定比例的过错责任。

121. 因邻里纠纷自杀，死者家属可以向邻居索赔吗？

根据《民法典》第1165条规定：“行为人因过错侵害他人民事权益造成损害的，应当承担侵权责任。依照法律规定推定行为人有过错，其不能证明自己没有过错的，应当承担侵权责任。”一般侵权责任纠纷，民事责任的承担应当符合以下四个构成要件：存在加害行为、发生了损害事实、加害行为与损害事实之间具有因果关系、行为人主观上存在过错。简单来说，就是如果行为人存在过错并实施了加害行为，而行为人实施的加害行为是导致他人死亡的原因，那么行为人就应该承担侵权赔偿责任。

如果邻里之间产生纠纷，邻居明知道对方有心脏病，受不得刺激，却仍旧不依不饶与对方争吵导致对方因心脏病发作而死亡的，邻居应当承担相应的赔偿责任。如果邻里之间产生纠纷，彼此不过争吵几句，而对方回到家中之后，越想越气选择自杀的，那么，邻居无须承担赔偿责任。

从一般人的角度来看，邻里之间因产生纠纷而吵架是常见的事。吵架本身并不会构成加害行为，一般人也并不会认为邻居之间吵几句嘴就会导致死亡事件。邻居不可能预见到普通的争吵就会导致自杀事件的发生，也无法制止对方的自杀行为，无须为此担责。

人处于社会中，无时无刻不受到各种社会关系的影响，邻里关系是社会关系的重要组成部分。邻里关系是否和谐是影响小区稳定的重要因素之一，物业公司在调和邻里纠纷方面能够起到关键的作用。为了体现物业公司更好的服务，在业主因邻里纠纷投诉到物业公司时，物业公司应当积极处理，合理地劝导、调解。

122. 晾晒衣服不慎坠楼身亡，可否要求物业公司赔偿？

林某是某小区的业主，为了晾衣服方便，在房屋外墙上搭建了简易晾衣架。一天，林某晾衣服时，晾衣架断裂，林某不慎坠楼身亡。林某的家属认为，物业公司对该小区存在严重安全管理过错，未能及时发现和消除安全隐患，应当对林某的死亡结果负责，承担林某的死亡赔偿金、丧葬费等费用。

高层建筑住户在窗户外安装晾衣架的行为在生活中普遍存在，特别是在一些老旧小区，住户为了晾晒衣服方便，会利用竹竿、木条在窗外搭建一些简易晾衣架，目的是方便房屋居住者晾晒衣物。晾衣架为竹竿、木条材质，能够承受晾晒衣服的重量，本身并不会导致危险。林某作为正常的成年人，平时也用晾衣架晾晒衣物，晾衣架对林某来说并不构成安全隐患。

根据《民法典》第 1165 条："行为人因过错侵害他人民事权益造成损害的，应当承担侵权责任。依照法律规定推定行为人有过错，其不能证明自己没有过错的，应当承担侵权责任。"如果林某搭设的晾衣架为违章建筑，基于物业公司对小区的管理义务，物业公司应当及时劝阻、制止林某的不当行为，并向相关部门报告。若物业公司对林某搭设违建晾衣架的行为置之不理，那么物业公司对林某的死亡就存在一定的过错，需要承担相应的赔偿责任。在上述案例中，并没有证据证明林某搭设的晾衣架属于违章建筑，因此，物业公司并无过错，也无须对林某的死亡进行赔偿。

大部分业主在窗户外安装晾衣架是基于生活所需，为了方便晾晒，但业主在使用过程中也应注意自我保护，晾晒时不宜将身子向窗外过分探出。物业公司在管理过程中发现存在安全隐患的违章搭建行为时，应当及时进行劝阻、制止，并及时向有关行政部门进行报告，以免因管理不到位而承担法律责任。为解决老旧小区晾晒问题，物业公司还可以在小区内设立一些共享晾衣架，为居民提供便利。

123. 小区住户被人入室杀害，物业公司需要承担责任吗？

花某假扮租客混入花园小区，进入业主梁某的房屋并将其杀害，离开时还将房屋内贵重物品全部拿走。案件侦破后，花某被执行死刑。梁某的家属认为，物业公司在小区进出人员管理方面存在缺失，未对花某进入小区、搬运财物等行为进行登记检查，未对花某的可疑行为进行盘问，在监控设备设置方面存在缺失，因此，物业公司也应承担赔偿责任。

花园小区在住宅楼下均设置有独立门禁，物业公司是否在小区门口对花某进行登记盘查，与花某入户杀人并无法律上的因果关系。物业公司安排了保安 24 小时巡逻，但花某在公共区域停留的时间较短，物业公司难以发现花某的犯罪意图并予以盘问，且物业公司在大楼大堂、电梯和地下车库均安装了电子监控设备，在合理范围内配备了相应监控设备。因此，物业公司无须对梁某的死亡承担赔偿责任。

物业公司作为花园小区的物业管理单位，应对在生活中存在的风险采取一定的防范措施，承担安全保障责任，但安全保障的目的在于保障业主的人身、财产安全，这是一种安全防范责任，不能要求物业公司对小区承担杜绝犯罪的绝对保障责任。司法实践中，一般应结合物业服务合同约定、直接侵权人所实施的具体侵权行为和物业公司所采取的措施来认定物业公司有无尽到合理范围安全保障责任。

物业公司在为小区业主提供物业管理服务的过程中，要尽到落实安全保障责任，控制进出小区的外来人员，如设立外来人员进出小区的管理制度、安保人员在小区内巡逻规则等。针对大型小区，物业公司还要设置必要的保安亭，安排保安站岗。针对高楼层小区，最好设置门禁，防止非住户随意进入。此外，物业公司还应当在小区公共区域配备监控设施，监控录像安排专门人员看管。

物业公司实施了具体的安全管理措施的，应当要注意保留工作记录，如小区进出人员的登记、保安站岗、巡逻值班登记等，以备必要时作为证据使用。

124. 儿童攀爬小区护栏受伤，应该由谁担责?

某小区设置有休闲区域，闲暇时，许多家长都会带着孩子在小区休闲区域内玩耍。一天，业主许小姐带着 6 岁的女儿在小区休闲区域内玩耍，因突然接到客户打来的电话，许小姐交代女儿不要乱跑之后，就走到一旁接听电话。许小姐接完电话，正好看到女儿在攀爬绿化带护栏，许小姐急忙喊她下来，因听到妈妈的呼喊而突然回头，小女孩不慎跌落受伤。那么，儿童在休闲区玩耍的时候攀爬绿化带护栏导致受伤，应该由谁担责？

小区的休闲区设置在小区内部，属于小区的公共区域，相关休闲设备属于小区公共设施。儿童在小区公共区域或者使用公共设施受伤，责任如何分配的问题应当从物业公司的过错程度、监护人（家长）是否尽到监护责任、受害儿童自身原因、是否有第三人损害行为等方面来综合考虑。在上述案例中，许小姐的女儿攀爬护栏存在一定的过错，而作为孩子法定监护人的许小姐没有尽到监护责任，未能让女儿认识到攀爬护栏的危险性，也未能阻止女儿攀爬护栏，应当承担主要责任。物业公司在小区休闲区域内，未设置必要的警示牌，提醒家长、儿童注意安全，存在一定的管理瑕疵，需承担次要责任。

根据《民法典》第1198条第1款规定："宾馆、商场、银行、车站、机场、体育场馆、娱乐场所等经营场所、公共场所的经营者、管理者或者群众性活动的组织者，未尽到安全保障义务，造成他人损害的，应当承担侵权责任。"若物业公司未尽安全保障义务的，应当承担相应的责任。

根据《民法典》第1198条第2款规定："因第三人的行为造成他人损害的，由第三人承担侵权责任；经营者、管理者或者组织者未尽到安全保障义务的，承担相应的补充责任。经营者、管理者或者组织者承担补充责任后，可以向第三人追偿。"若儿童的受伤是因为第三人的加害行为造成的，则加害人应当承担侵权责任，如果物业公司因未尽安全保障义务而先行承担补充责任的，也可以向加害人进行追偿。

《民法典》第27条第1款规定，父母是未成年子女的监护人。父母作为儿童的监护人，有保护未成年子女人身安全的法定监护义务，应当尽到照顾和提醒的义务，并对子女进行必要的安全教育。若儿童在玩耍的过程中，父母未尽到监护义务，则应当对损害后果承担一定的责任。

125. 业主不慎跌落电梯井，应该由谁担责？

不少人有这样的经历，乘坐电梯在电梯门快要关闭时，用身体去挡电梯门，或是在等候的时候倚靠电梯门。实际上，这都不是正确使用电梯的方法，也因此引发过不少电梯事故。

一天，赵小姐与男友准备离家外出，在等待电梯时，赵小姐斜靠在11层电梯的门上，这时，电梯左侧门突然往里面凹陷，致使其跌落到电梯井中受伤。于是，赵小姐将物业公司、电梯制造公司、电梯保养公司一并告上法庭，要求他们承担赔偿责任。

一般而言，若电梯门是受到外力撞击而导致乘梯人坠落的，则撞击电梯门的当事人应该自负责任。但若电梯存在安全隐患，因缺陷导致乘梯人跌落受伤的，那么电梯的管理者即物业公司、电梯生产者、电梯维护保养单位均需要根据各自的过错程度，对乘梯人承担侵权责任。

在上述案例中，电梯左侧门凹槽存在安全隐患，导致赵小姐受伤，在无法查明事故原因是生产、维护保养、使用过程中哪个环节出现问题而造成伤害的情况下，物业公司、电梯制造公司、电梯保养公司需一并承担连带赔偿责任。此外，赵小姐作为成年人，是完全民事行为能力人，应当具备基本的安全知识，明知倚靠电梯门存在安全隐患还倚靠在电梯门上，赵小姐自身对损害的发生存在过错，也应自负一定的责任。电梯楼层门从设计、生产到组装都有严格的国家标准，在安全标准以内的外力是不能够打开电梯门的，超过这个限度则有可能把电梯门打开，从而发生事故。在乘坐电梯时，乘梯人不要倚靠电梯门，以免电梯门脱离滑道的凹槽，造成坠落等意外事故。

物业公司可在管理区域内的电梯里张贴安全使用须知，告知使用者为保护自身安全，请勿倚靠电梯门，尽可能避免意外事故的发生。同时，应定期做好检修维保工作。当安全事故发生后，物业公司可以考虑在维修之前由专业机构先行鉴定，明确事故发生的原因，从而明确责任的承担。

126. 物业公司保安因冲突打伤访客，物业公司需要承担责任吗？

职务行为，通常是指工作人员行使职务的行为，是履行职责的活动，与工作人员的个人行为相对应。为维护小区安全，通常物业公司会设立保安岗位，一般而言，对于进入小区的人员，保安均会要求其进行登记，保安的此种行为便属于职务行为。

《民法典》第1191条第1款规定："用人单位的工作人员因执行工作任务造成他人损害的，由用人单位承担侵权责任。用人单位承担侵权责任后，可以向有故意或者重大过失的工作人员追偿。"也就是说，如果工作人员因职务行为造成他人损害的，用人单位应当承担赔偿责任。如果工作人员存在故意或重大过失的，则用人单位在承担赔偿责任后可以向该工作人员追偿。

因此，如果保安系因职务行为打伤访客，物业公司作为用人单位，应当承担赔偿责任。例如，王先生来小区探访亲戚，却因登记问题与小区保安发生冲突，互相推搡之中，保安将王先生打伤。此时，保安是在上班期间为维护物业管理的正常秩序而与访客王先生发生冲突，系因职务引发纠纷，属执行职务的行为，基于保安与物业公司之间的劳动关系，物业公司应当承担民事赔偿责任。若保安的行为被认定为具有故意或重大过失，那么物业公司在对王先生进行赔偿后，可向该保安进行追偿。

127. 物业公司向业主推销劣质产品造成业主人身伤害，是否要承担赔偿责任？

现代社会，竞争日益加剧，进行销售渠道的创新往往成为一些企业出奇制胜的法宝。在城市中，星罗棋布的社区蕴藏着巨大无比的潜力，也吸引了大部分商家的注意力。部分商家会与物业公司进行合作，由物业公司利用自身的便利优势向小区业主销售水果、海鲜等产品。

根据《民法典》第1203条规定："因产品存在缺陷造成他人损害的，被侵权人可以向产品的生产者请求赔偿，也可以向产品的销售者请求赔偿。产品缺陷由生产者造成的，销售者赔偿后，有权向生产者追偿。因销售者的过错使产品存在缺陷的，生产者赔偿后，有权向销售者追偿。"当消费者购买产品回家后，因产品存在缺陷造成人身损害的，消费者可以选择要求生产者赔偿，也可以选择要求销售者赔偿，至于生产者和销售者最终由谁承担赔偿责任，则取决于产品缺陷是生产者造成的还是销售者造成的。

物业公司在开展经营活动中，对向业主销售的产品应当严格把关，物业公司向小区业主推销的产品存在缺陷，一旦造成业主人身损害的，物业公司作为销售者，应当向业主承担民事赔偿责任。若产品缺陷是由生产者造成的，则物业公司向业主进行赔偿之后，可以向产品的生产者进行追偿。

128. 业主雨天在楼道摔伤，物业公司需要承担责任吗？

丽景小区单元楼下的公共过道铺设的是镜面砖，遇上雨雪天气就变得十分湿滑，难以行走。业主李某曾就该问题多次与物业公司进行沟通，但物业公司未能采取有效措施解决问题。一天下雨后，楼道变得湿滑，李某因此摔伤，那么，物业公司需要为此承担责任吗？

一般而言，雨雪天气，小区楼道湿滑，物业公司可以采取及时清扫积水积雪、铺设防滑垫等措施，确保业主通行安全。根据《物业管理条例》第35条第2款规定：“物业服务企业未能履行物业服务合同的约定，导致业主人身、财产安全受到损害的，应当依法承担相应的法律责任。”若物业服务合同中明确约定，物业公司负有在雨雪天气采取防滑措施的义务的，则物业公司应当依据物业服务合同承担相应责任。

此外，物业公司作为小区的管理者，应当尽到应有的安全保障义务，即便物业服务合同中并未明确物业公司负有在雨雪天气采取防滑措施的义务，物业公司也应当对小区内有可能出现的安全隐患采取必要防范措施，并提醒业主注意安全。否则，因物业公司的不作为导致业主受伤的，物业公司需要根据自身的过错程度承担赔偿责任。

129. 业主突发疾病因电梯夜间停运失救，物业公司需要承担责任吗？

为节约用电，有的小区实行夜间电梯停运制度，由物业公司安排工作人员夜间值班、公布呼叫电话，方便住户夜间使用电梯时随叫随到。但在实践中，往往存在电梯夜间值班室电话无人接听，联系不到工作人员的情况。因小区电梯停运引发的业主与物业公司之间的纠纷已屡见不鲜。

马先生家住 18 楼，夜间突发疾病，出现呼吸困难、神志不清等症状，家属随即拨打了急救中心电话。医务人员迅速抵达，但此时小区电梯夜间停运，联系不上值班工作人员，医务人员只能携带医疗设备步行上楼，对马先生进行了初步救治，电梯恢复运行后，马先生被送往医院，但最终因抢救无效死亡。

在上述案例中，虽然马先生死亡的根本原因是疾病，但马先生发病时，恰逢夜间电梯停运，物业公司并未明示夜间值班工作人员的联系方式和值班室地址等，导致家属联系不上值班人员，无法使用电梯，延误了对马先生的抢救。因此，物业公司存在过错，需根据过错程度酌情承担一定的赔偿责任。

业主突发疾病遭遇电梯夜间停运，物业公司是否需要承担责任主要在于物业公司是否存在过错。若物业公司存在过错的，需承担一定的赔偿责任；若物业公司已尽到电梯维护管理义务，做到了“有人值班，随叫随到，电话畅通”，及时开通电梯方便业主到达医院，则无须承担赔偿责任。

130. 业主乘坐货梯摔伤，物业公司是否需要承担责任？

现代化住宅小区通常会配备电梯，根据电梯的不同用途，进而会区分为货梯与客梯。货梯与客梯在生产、结构等方面均不相同，这也决定了二者功能上的不同，货梯主要用于载货，而客梯则主要用于载人。一般而言，小区住户上下楼出行，应当搭乘客梯。

某日早上，业主陈某欲搭乘电梯上班，但遭遇高峰期，客梯久候不至，陈某选择了搭乘货梯，不料，陈某刚踏入货梯，电梯忽然下行，导致其身体失去平衡，掉入了电梯井，身体多处被擦伤。其后，陈某找到物业公司，认为物业公司管理不善导致其受伤，要求物业公司承担赔偿责任。那么，业主乘坐货梯摔伤，物业服务公司是否需要承担责任呢？

根据《民法典》第1198条规定：“宾馆、商场、银行、车站、机场、体育场馆、娱乐场所等经营场所、公共场所的经营者、管理者或者群众性活动的组织者，未尽到安全保障义务，造成他人损害的，应当承担侵权责任。因第三人的行为造成他人损害的，由第三人承担侵权责任；经营者、管理者或者组织者未尽到安全保障义务的，承担相应的补充责任。经营者、管理者或者组织者承担补充责任后，可以向第三人追偿。”物业公司作为小区的管理者，应当尽到一般的安全保障义务。业主乘坐货梯摔伤，物业公司是否要承担责任的关键在于物业公司是否尽到安全保障义务。

物业公司在管理货梯时，应注意尽到相应的管理提示义务，如通过放置警示牌、张贴标识等方式，明示告知并提醒业主“行人禁止乘坐货梯”“严禁货梯载人”等；若电梯发生故障，物业公司也应及时维修，并采取明示方式告知业主，提醒业主注意。若物业公司没有尽到上述安全保障义务的，则业主乘坐货梯摔伤后，物业公司需承担一定的赔偿责任。在案例中，业主陈某作为正常的成年人，理应知晓货梯主要功能为载货而非载人，他自行选择搭乘货梯上班，对自己受伤的后果也具有一定的过错，因此也需要自负一部分责任。

131. 社会人员随意进入小区打伤业主，物业公司需要承担法律责任吗？

一天晚上，业主吴某在小区的中心花园散步，突然被一名喝醉酒的陌生人拦住打伤。随后，吴某找到物业公司理论，认为物业公司未尽到安保义务，让社会人员随意进出小区，从而导致其被醉酒汉打伤，要求物业公司承担相应的法律责任。那么，在此情况下，物业公司是否要承担法律责任呢？

根据《物业管理条例》第35条规定："物业服务企业应当按照物业服务合同的约定，提供相应的服务。物业服务企业未能履行物业服务合同的约定，导致业主人身、财产安全受到损害的，应当依法承担相应的法律责任。"物业公司作为小区的管理服务方，应按照其与业主签订的物业服务合同履行物业服务职责，物业服务合同中一般都会约定物业公司应提供公共区域安保服务。

具体而言，物业公司在小区的管理方面负有安保的职责，物业公司应当采取全面合理的措施维护小区的安全。比如，安排安保人员巡防、进出门登记、安装监控设施、围墙上设置倒刺等。如果物业公司提供的安保服务不符合合同约定，就需要依法承担违约责任或损害赔偿责任。

同时，物业公司作为小区的管理者，应尽到合理的安全保障义务，采取合理的措施维护小区的安全。根据《民法典》第1198条规定："宾馆、商场、银行、车站、机场、体育场馆、娱乐场所等经营场所、公共场所的经营者、管理者或者群众性活动的组织者，未尽到安全保障义务，造成他人损害的，应当承担侵权责任。因第三人的行为造成他人损害的，由第三人承担侵权责任；经营者、管理者或者组织者未尽到安全保障义务的，承担相应的补充责任。经营者、管理者或者组织者承担补充责任后，可以向第三人追偿。"小区物业公司的安保人员未尽到相关的安保职责，让社会人员随意进入小区，导致发生了人身伤害事件，虽说业主受到的伤害是侵权人的侵权行为造成的，侵权人对此应承担责任，但物业公司因未尽安全保障义务，应承担相应的补充责任。

132. 因照明故障导致业主失足跌落致死，物业要承担责任吗？

一天，家住6层的业主姚某出门遛弯儿后回家，在爬楼梯的过程中，因楼道内照明灯出现故障不亮了，姚某不慎从六楼沿着楼梯跌落到五楼，导致身受重伤。事发后，物业公司的工作人员帮助家属一起把姚某送到了医院，姚某经抢救无效死亡。

姚某的家属认为物业公司应当对姚某的死亡负有责任，物业公司作为小区的管理者，在楼道照明设备出现故障时，没有及时修理以及提醒业主，导致姚某跌落楼梯致死，物业公司应该承担赔偿责任。于是，家属将物业公司告上法院，要求物业公司赔偿医疗费、死亡赔偿金以及丧葬费等。

根据《民法典》第 1165 条的规定："行为人因过错侵害他人民事权益造成损害的，应当承担侵权责任。依照法律规定推定行为人有过错，其不能证明自己没有过错的，应当承担侵权责任。"也就是说，如果物业公司对姚某的死亡结果存在过错，那么物业公司应该承担赔偿责任。

在上述案例中，物业公司作为小区的管理者，按照物业服务合同的约定，负有保证小区楼道内照明灯处于正常使用状态的义务。然而，姚某所居住的楼层照明灯损坏，物业公司并没有及时发现并安排维修，导致姚某发生意外，最终不幸死亡。物业公司未能履行物业服务合同的约定，导致姚某人身安全受到伤害，物业公司对姚某的死亡结果存在过错，应该承担相应的赔偿责任。

根据《民法典》第 1173 条规定："被侵权人对同一损害的发生或者扩大有过错的，可以减轻侵权人的责任。"也就是说，如果姚某对自己的死亡结果也有过错，那么姚某需要自负一部分责任。

在上述案例中，姚某为小区业主，长期居住在这里，对楼道的情况应当了如指掌，当发现楼道照明灯损坏，姚某作为成年人，应当对自己的安全尽到注意和防范义务。但是，姚某没有采取相应的应对措施，而是选择继续摸索前行，最终导致意外的发生。在这个悲剧中，姚某自身也存在一定的过错，可相应地减轻物业公司的赔偿责任。

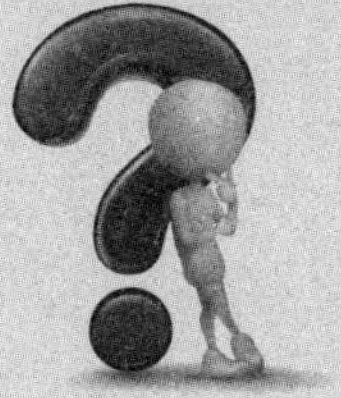

第七章

CHAPTER 7

业主大会的权利和义务

133. 业主大会的决议对未参加会议的业主是否具有约束力？

《民法典》第 280 条规定："业主大会或者业主委员会的决定，对业主具有法律约束力。业主大会或者业主委员会作出的决定侵害业主合法权益的，受侵害的业主可以请求人民法院予以撤销。"业主大会的决议对业主具有约束力，但需要注意的是，业主大会必须是依法成立的，业主大会作出的决议必须是经过法定程序的，同时，业主大会的决议应当遵守法律法规及规章，此时，业主大会的决议才对业主具有约束力。如果业主大会的决议损害了业主合法权益，业主可以向法院申请撤销该决议。

《民法典》第 278 条规定："下列事项由业主共同决定：（一）制定和修改业主大会议事规则；（二）制定和修改管理规约；（三）选举业主委员会或者更换业主委员会成员；（四）选聘和解聘物业服务企业或者其他管理人；（五）使用建筑物及其附属设施的维修资金；（六）筹集建筑物及其附属设施的维修资金；（七）改建、重建建筑物及其附属设施；（八）改变共有部分的用途或者利用共有部分从事经营活动；（九）有关共有和共同管理权利的其他重大事项。业主共同决定事项，应当由专有部分面积占比三分之二以上的业主且人数占比三分之二以上的业主参与表决。决定前款第六项至第八项规定的事项，应当经参与表决专有部分面积四分之三以上的业主且参与表决人数四分之三以上的业主同意。决定前款其他事项，应当经参与表决专有部分面积过半数的业主且参与表决人数过半数的业主同意。”

只要业主大会召开的程序合法，参与大会表决的业主人数及专有部分面积部分占比符合法律规定，同意决议的业主的人数及专有部分面积占比符合法律规定的，该业主大会决议就是合法有效的，对全体业主都有约束力。即便个别业主没有参与业主大会，也应当遵守业主大会的决议。

134. 业主在小区内有多套房屋的，如何行使业主大会的表决权？

根据《民法典》第278条第2款的规定：“业主共同决定事项，应当由专有部分面积占比三分之二以上的业主且人数占比三分之二以上的业主参与表决。决定前款第六项至第八项规定的事项，应当经参与表决专有部分面积四分之三以上的业主且参与表决人数四分之三以上的业主同意。决定前款其他事项，应当经参与表决专有部分面积过半数的业主且参与表决人数过半数的业主同意。”

业主在业主大会上对共同决定的事项进行表决时，其表决权的计算规则需同时符合两层标准，一是专有部分面积占比，二是业主人数占比。决定的事项不同，对应的比例要求也有所区别。

根据《最高人民法院关于审理建筑物区分所有权纠纷案件具体应用法律若干问题的解释》第9条第1项规定，业主人数，按照专有部分的数量计算，一个专有部分按一人计算。但建设单位尚未出售和虽已出售但尚未交付的部分，以及同一买受人拥有一个以上专有部分的，按一人计算。也就是说，如果一个业主在小区内拥有多套房屋的，那么在业主大会上行使表决权时，在人数上只能算作一个业主。

另外，根据《最高人民法院关于审理建筑物区分所有权纠纷案件具体应用法律若干问题的解释》第8条第1项规定，专有部分面积，按照不动产登记簿记载的面积计算；尚未进行物权登记的，暂按测绘机构的实测面积计算；尚未进行实测的，暂按房屋买卖合同记载的面积计算。因此，在计算业主专有部分面积占比时，如果业主在一个小区内拥有多套房屋，专有部分的面积是可以叠加计算的，也就是说，业主专有部分面积是拥有的多套房产的面积总和。

135. 业主委员会与业主大会决议相悖的，谁说了算？

《物业管理条例》第15条规定：“业主委员会执行业主大会

的决定事项，履行下列职责：（一）召集业主大会会议，报告物业管理的实施情况；（二）代表业主与业主大会选聘的物业服务企业签订物业服务合同；（三）及时了解业主、物业使用人的意见和建议，监督和协助物业服务企业履行物业服务合同；（四）监督管理规约的实施；（五）业主大会赋予的其他职责。”业主委员会是业主大会的执行机构，在没有业主大会授权的情况下，业主委员会不宜对需业主共同决议的事项擅自做主，而业主大会决定的事项，业主委员会应当予以执行。

《业主大会和业主委员会指导规则》规定，执行业主大会的决定和决议是业主委员会应履行的职责。业主大会由物业管理区域内的全体业主组成，代表和维护物业管理区域内全体业主在物业管理活动中的合法权利，履行相应的义务。而业主委员会由业主大会依法选举产生，履行业主大会赋予的职责，执行业主大会决定的事项，接受业主的监督。因此，当业主委员会与业主大会的决议相悖，应当以业主大会的决议为准。

136. 业主大会的决议对租客有约束力吗？

业主王某将自己在丽都小区的房子租给陈某使用，在此之前，小区业主大会通过决议，将小区公共区域的广告牌出租给某广告公司，陈某认为在小区内投放广告影响了自己的居住环境，对此表示非常不满。那么，业主大会的决议对租客是否有效力呢？

根据《最高人民法院关于审理建筑物区分所有权纠纷案件具体应用法律若干问题的解释》第 16 条规定："建筑物区分所有权纠纷涉及专有部分的承租人、借用人等物业使用人的，参照本解释处理。专有部分的承租人、借用人等物业使用人，根据法律、法规、管理规约、业主大会或者业主委员会依法作出的决定，以及其与业主的约定，享有相应权利，承担相应义务。"因此，租客也应根据业主大会决议，享有相应的权利，承担相应的义务，也就是说，业主大会决议对租客也有约束力。除租客外，业主大会的决议对房屋的买受人、继承人、受赠人等都具有约束力。

137. 业主大会可以通过让业主填写"征求意见表"的形式召开吗？

现如今，一个小区里居住的业主人数从几百人到上千人不等，更有甚者可能以万计。因此，在人数如此多的情况下，若要将所有业主集中在一个地方召开业主大会，实践中是难以组织和操作的，特别是难以找到合适的召开的时间和场地。因此，许多小区往往通过让业主填写"征求意见表"的形式来召开业主大会。

根据《物业管理条例》第12条第1款规定："业主大会会议可以采用集体讨论的形式，也可以采用书面征求意见的形式；但是，应当有物业管理区域内专有部分占建筑物总面积过半数的业主且占总人数过半数的业主参加。"可见，业主大会可以采用集体讨论的形式，也可以采用书面征求意见的形式召开，因此，业主大会通过让业主填写"征求意见表"的形式来召开业主大会，是符合法律规定的。但是，需要注意会议参加人数应符合"双过半"的要求，即需要有物业管理区域内专有部分占建筑物总面积过半数的业主且占总人数过半数的业主参加。

根据《民法典》第278条规定："下列事项由业主共同决定：（一）制定和修改业主大会议事规则；（二）制定和修改管理规约；（三）选举业主委员会或者更换业主委员会成员；（四）选聘和解聘物业服务企业或者其他管理人；（五）使用建筑物及其附属设施的维修资金；（六）筹集建筑物及其附属设施的维修资金；（七）改建、重建建筑物及其附属设施；（八）改变共有部分的用途或者利用共有部分从事经营活动；（九）有关共有和共同管理权利的其他重大事项。业主共同决定事项，应当由专有部分面积占比三分之二以上的业主且人数占比三分之二以上的业主参与表决。决定前款第六项至第八项规定的事项，应当经参与表决专有部分面积四分之三以上的业主且参与表决人数四分之三以上的业主同意。决定前款其他事项，应当经参与表决专有部分面积过半数的业主且参与表决人数过半数的业主同意。”针对小区业主共同决定的事项，《民法典》更为强调业主的参与度。当《民法典》生效后，业主共同决定事项，应当由专有部分面积占比三分之二以上的业主且人数占比三分之二以上的业主参与表决，此规定对《物业管理条例》第12条中“双过半”的要求作出了修改。

根据《业主大会和业主委员会指导规则》第22条第2款规定：“采用书面征求意见形式的，应当将征求意见书送交每一位业主；无法送达的，应当在物业管理区域内公告。凡需投票表决的，表决意见应由业主本人签名。”因此，采用书面征求意见形式召开业主大会应当注意要通知到每位业主，并由业主本人签字投票。

138. 什么是业主大会？

业主就是房屋所有权人。根据《物业管理条例》第8条的规定：“物业管理区域内全体业主组成业主大会。业主大会应当代表和维护物业管理区域内全体业主在物业管理活动中的合法权益。”业主大会由全体业主组成，是业主团体的决策机关，业主大会的决议对全体业主具有约束力。

根据《物业管理条例》第9条的规定："一个物业管理区域成立一个业主大会。物业管理区域的划分应当考虑物业的共用设施设备、建筑物规模、社区建设等因素。具体办法由省、自治区、直辖市制定。"

那么，是否每个小区都必须成立业主大会呢？《物业管理条例》第10条规定："同一个物业管理区域内的业主，应当在物业所在地的区、县人民政府房地产行政主管部门或者街道办事处、乡镇人民政府的指导下成立业主大会，并选举产生业主委员会。但是，只有一个业主的，或者业主人数较少且经全体业主一致同意，决定不成立业主大会的，由业主共同履行业主大会、业主委员会职责。"因此，如果小区业主较少或全体业主一致同意，也可以决定不成立业主大会。此外，业主大会应当在物业所在地的区、县人民政府房地产行政主管部门或者街道办事处、乡镇人民政府的指导下成立。

139. 什么情况下应该召开业主大会临时会议？

《物业管理条例》第13条对业主大会的召开期限作出了规定，即业主大会分为定期会议和临时会议，业主大会定期会议应当按照业主大会议事规则的规定召开。经20%以上的业主提议，业主委员会应当组织召开业主大会临时会议。《业主大会和业主委员会指导规则》第 21 条第 3 款明确规定了临时业主大会召开的情形：“有下列情况之一的，业主委员会应当及时组织召开业主大会临时会议：（一）经专有部分占建筑物总面积 20% 以上且占总人数 20% 以上业主提议的；（二）发生重大事故或者紧急事件需要及时处理的；（三）业主大会议事规则或者管理规约规定的其他情况。”

也就是说，经 20% 以上的业主提议，或发生重大事故或者紧急事件需要及时处理的，或存在业主大会议事规则或者管理规约规定的其他情况，小区业主委员会应该组织召开业主临时会议。召开业主大会的，还必须满足最低人数和专有面积占比的规定，只有这样才能确保业主大会的决议是体现大多数人的利益的，才能确保决议科学合理。

140. 业主大会的职责有哪些？

根据《物业管理条例》第 8 条规定：“物业管理区域内全体业主组成业主大会。业主大会应当代表和维护物业管理区域内全体业主在物业管理活动中的合法权益。”业主组成业主大会的目的就是要维护业主的整体利益。

《民法典》第 278 条第 1 款规定了业主大会的职责：“下列事项由业主共同决定：（一）制定和修改业主大会议事规则；

（二）制定和修改管理规约；（三）选举业主委员会或者更换业主委员会成员；（四）选聘和解聘物业服务企业或者其他管理人；（五）使用建筑物及其附属设施的维修资金；（六）筹集建筑物及其附属设施的维修资金；（七）改建、重建建筑物及其附属设施；（八）改变共有部分的用途或者利用共有部分从事经营活动；（九）有关共有和共同管理权利的其他重大事项。”

141. 成立业主大会应当具备什么条件？

根据《民法典》第277条规定：“业主可以设立业主大会，选举业主委员会。业主大会、业主委员会成立的具体条件和程序，依照法律、法规的规定。地方人民政府有关部门、居民委员会应当对设立业主大会和选举业主委员会给予指导和协助。”业主大会由业主设立，其成立需严格遵守程序条件，小区所在地的人民政府有关部门、居民委员会应当为业主提供指导和协助。

根据《业主大会和业主委员会指导规则》第8条规定：“物业管理区域内，已交付的专有部分面积超过建筑物总面积50%时，建设单位应当按照物业所在地的区、县房地产行政主管部门或者街道办事处、乡镇人民政府的要求，及时报送下列筹备首次业主大会会议所需的文件资料：（一）物业管理区域证明；（二）房屋及建筑物面积清册；（三）业主名册；（四）建筑规划总平面图；（五）交付使用共用设施设备的证明；（六）物业服务用房配置证明；（七）其他有关的文件资料。”也就是说，成立业主大会的条件之一是物业管理区域内，已交付的专有部分面积超过建筑物总面积 50%。

根据《业主大会和业主委员会指导规则》第 9 条规定：“符合成立业主大会条件的，区、县房地产行政主管部门或者街道办事处、乡镇人民政府应当在收到业主提出筹备业主大会书面申请后 60 日内，负责组织、指导成立首次业主大会会议筹备组。”符合成立业主大会条件的，业主应当向区、县房地产行政主管部门或者街道办事处、乡镇人民政府提出书面申请，相关部门应当在收到业主书面申请后及时组织、指导业主大会的筹备工作。

142. 召开业主大会的通知应该怎么发？

根据《物业管理条例》第 14 条规定：“召开业主大会会议，应当于会议召开 15 日以前通知全体业主。住宅小区的业主大会会议，应当同时告知相关的居民委员会。业主委员会应当做好业主大会会议记录。”召开业主大会会议应当于会议召开 15 日前通知全体业主，具体的通知形式法律并没有强制性的规定，物业公司通过书面或口头的形式对业主进行通知均可。为确保程序合法及通知到位，业主大会可以在物业管理区域内张贴公告，告知全体业主。

业主大会可以通过集体讨论或书面征求意见的方式召开，业主大会决议的事项是需业主共同决定的事项，其涉及每一位业主的切身利益，因此，召开业主大会应当通知到每一位业主，确保参加业主大会的业主人数和专有面积占比均符合法律规定。根据《业主大会和业主委员会指导规则》第22条第1款规定，采用书面征求意见形式的，应当将征求意见书送交每一位业主；无法送达的，应当在物业管理区域内公告。凡需投票表决的，表决意见应由业主本人签名。

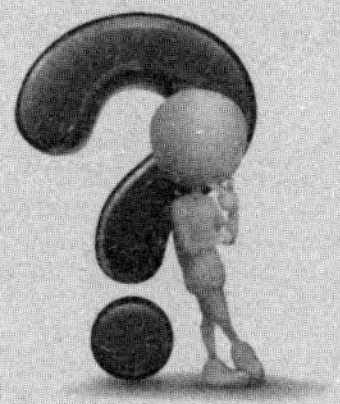

第八章

CHAPTER 8

业主委员会的权利和义务

143. 如何设立业主委员会?

《物业管理条例》对于业主委员会成立的具体时间、条件、方式等并无具体规定，各地小区业主委员会的成立通常是根据省、自治区、直辖市制定的具体办法操作的。

业主委员会是业主大会的执行机构，因此是先有业主大会才会有业主委员会。根据《业主大会和业主委员会指导规则》第8条规定，物业管理区域内，已交付的专有部分面积超过建筑物总面积50%时，建设单位应当按照物业所在地的区、县房地产行政主管部门或者街道办事处、乡镇人民政府的要求，及时报送筹备首次业主大会会议所需的文件资料。因此，只有当房屋出售并交付使用达到一定比例时，才能成立业主大会。

小区拟设立业主委员会的，可以由业主代表与开发商进行沟通，督促开发商按照物业所在地的区、县房地产行政主管部门或者街道办事处、乡镇人民政府的要求，及时报送筹备首次业主大会会议所需的文件资料。

根据《民法典》第278条规定，选举业主委员会或者更换业主委员会成员由业主共同决定。业主可以组织召开业主大会，并选举产生业主委员会。根据《物业管理条例》第16条第1款规定："业主委员会应当自选举产生之日起30日内，向物业所在地的区、县人民政府房地产行政主管部门和街道办事处、乡镇人民政府备案。"业主依法选举产生业主委员会的，相关部门应该予以备案登记。

144. 每个小区都必须成立业主委员会吗？

许多小区的规模比较大，居住的业主人数也比较多，为方便小区业主行使权利，有的小区会考虑由业主大会选举产生业主委员会。一方面，业主委员会可以执行业主大会作出的决定、决议；另一方面，业主委员会可以监督物业管理公司的工作，以便更好地代表和维护业主的权利。那么，是不是每个小区都必须成立业主委员会呢？

《物业管理条例》第10条规定："同一个物业管理区域内的业主，应当在物业所在地的区、县人民政府房地产行政主管部门或者街道办事处、乡镇人民政府的指导下成立业主大会，并选举产生业主委员会。但是，只有一个业主的，或者业主人数较少且经全体业主一致同意，决定不成立业主大会的，由业主共同履行业主大会、业主委员会职责。"也就是说，一般情况下，同一个物业管理区域内的业主应当成立业主大会，并且通过业主大会选举产生业主委员会，但是，若只有一个业主或者业主人数较少，经全体业主一致同意后，可以决定不成立业主大会，由业主履行业主大会、业主委员会的职责。业主委员会是业主大会的执行机构，现行法律允许小区不成立业主大会，自然也允许小区不成立业主委员会。由此可见，并非每个小区都必须成立业主委员会，实践中，也有很多小区是没有成立业主委员会的。

145. 业主委员会有哪些职责？

业主委员会是由全体业主选举产生，在业主大会闭会后代表全体业主行使相关权利，并且监督物业管理公司管理运作的组织。业主委员会的权利和义务来源于业主大会赋予的职责。

根据《业主大会和业主委员会指导规则》第35条规定："业主委员会履行以下职责：（一）执行业主大会的决定和决议；（二）召集业主大会会议，报告物业管理实施情况；（三）与业主大会选聘的物业服务企业签订物业服务合同；（四）及时了解业主、物业使用人的意见和建议，监督和协助物业服务企业履行物业服务合同；（五）监督管理规约的实施；（六）督促业主交纳物业服务费及其他相关费用；（七）组织和监督专项维修资金的筹集和使用；（八）调解业主之间因物业使用、维护和管理产生的纠纷；（九）业主大会赋予的其他职责。"

《业主大会和业主委员会指导规则》第36条规定了业主委员会应当向业主公布的情况和资料：（1）管理规约、业主大会议事规则；（2）业主大会和业主委员会的决定；（3）物业服务合同；（4）专项维修资金的筹集、使用情况；（5）物业共有部分的使用和收益情况；（6）占用业主共有的道路或者其他场地用于停放汽车车位的处分情况；（7）业主大会和业主委员会工作经费的收支情况；（8）其他应当向业主公开的情况和资料。业主委员会在行使职责的同时应当确保业主的知情权。

业主委员会的职责主要有三个方面：一是执行业主大会决定、决议的职责，业主委员会作为业主大会的执行机构，执行业主们通过业主大会决定和决议的事项；二是业主委员会可代表业主签约，业主们通过业主大会选聘物业服务企业后，由业主委员会与物业公司签订物业服务合同；三是业主委员会的监督职责，主要是监督管理公司的各项服务工作，包括专项维修资金的使用以及管理规约的实施等关乎业主利益的事项。

此外，业主委员会需按规定向业主公开有关情况和规定，保障业主的知情权，接受业主的监督。业主委员会还负有督促业主遵守物业管理规约以及其他有关法律、政策规定的义务。例如，当业主拖欠物业费时，业主委员会需督促业主交纳，以及协助物业管理企业实施各项管理工作。

146. 业主委员会和业主大会的关系是什么?

《物业管理条例》第8条规定，物业管理区域内全体业主组成业主大会。业主大会应当代表和维护物业管理区域内全体业主在物业管理活动中的合法权益。

根据《物业管理条例》第11条、《民法典》第278条的规定，选举业主委员会或者更换业主委员会成员由业主共同决定。因此，业主委员会由业主大会选举产生，业主大会可以依法更换业主委员会成员。业主大会的成员是全体业主，而业主委员会的成员由业主大会选举出来的少部分业主构成。

根据《物业管理条例》第15条规定:“业主委员会执行业主大会的决定事项，履行下列职责:（一）召集业主大会会议，报告物业管理的实施情况;（二）代表业主与业主大会选聘的物业服务企业签订物业服务合同;（三）及时了解业主、物业使用人的意见和建议，监督和协助物业服务企业履行物业服务合同;（四）监督管理规约的实施;（五）业主大会赋予的其他职责。”可见，业主大会选举产生业主委员会后，由业主委员会负责执行业主大会决定的事项，也就是说，业主委员会是业主大会的执行机构。

因此，业主委员会由业主大会选举产生，是业主大会的常设机构和执行机构，负责执行业主大会决定的事项，并且履行业主大会赋予的其他职责。

147. 业主委员会是否有权解聘物业公司？

根据《物业管理条例》第11条、《民法典》第278条的规定，选聘或解聘物业公司由业主共同决定。但是，业主委员会并没有权力决定物业公司的去留，而是应该由业主共同决定。

《物业管理条例》第15条规定："业主委员会执行业主大会的决定事项，履行下列职责：（一）召集业主大会会议，报告物业管理的实施情况；（二）代表业主与业主大会选聘的物业服务企业签订物业服务合同；（三）及时了解业主、物业使用人的意见和建议，监督和协助物业服务企业履行物业服务合同；（四）监督管理规约的实施；（五）业主大会赋予的其他职责。"业主委员会作为业主大会的执行机构，其职权范围只是代表业主与业主大会选聘的物业服务企业签订物业服务合同。也就是说，业主委员会在没有业主大会授权的情况下，无权决定解聘物业公司。

根据《民法典》第946条规定："业主依照法定程序共同决定解聘物业服务人的，可以解除物业服务合同。决定解聘的，应当提前六十日书面通知物业服务人，但是合同对通知期限另有约定的除外。依据前款规定解除合同造成物业服务人损失的，除不可归责于业主的事由外，业主应当赔偿损失。”如果根据业主大会的决议要解聘物业公司，应该依据物业服务合同的约定通知物业公司，如果物业服务合同对通知期限并无规定，那么应该提前60日书面通知物业公司。

148. 物业公司要求解除合同，新的业主委员会需要承担返还保证金的责任吗？

花园小区第三届业主委员会在任职期间代表业主与物业公司签订了物业服务合同，并通过业主委员会的专用银行账户收取了物业公司交纳的履约保证金20万元。5年后，小区业主委员会进行了换届，成立了第四届业主委员会。此时，恰逢物业服务合同到期，按照合同约定，物业公司及时退场，并依约要求退还保证金。那么，第四届业主委员会是否承担向物业公司返还保证金的责任呢？

根据《民法典》第119规定：“依法成立的合同，对当事人具有法律约束力。”合同具有相对性，也就是说，原则上合同约定的权利义务只能赋予合同双方当事人，合同只能对合同当事人产生拘束力。因此，物业公司与第三届业主委员会签订的物业服务合同可以约束物业公司与第三届业主委员会，合同期满的，第三届业主委员会应当依约向物业公司返还保证金。

小区进行换届选举，成立了第四届业主委员会，第四届业主委员会虽然没有与物业公司签订物业服务合同，但第四届业主委员会既作为代表小区全体业主进行民事活动的执行机构，又作为第三届业主委员会相关手续、资料以及账目的承继机构，第四届业委会在物业服务合同期满后应当负有向物业公司返还履约保证金的责任。

149. 业主可以要求业主委员会公开收益吗？

南明小区自成立业主委员会以来，从未公示过小区公共收益及支出明细。王某作为小区业主，曾多次找到业主委员会沟通，想要查看相关明细，均被业主委员会拒绝。无奈之下，王某将业主委员会告上了法庭。

实事上，业主委员会拒绝公开收益的做法并不可取，业主对小区公共事务和物业管理的相关事项享有知情权，王某作为小区业主，要求查阅相关账目是符合法律规定的。业主委员会应该在合理的期限内提供业主王某要求的相关账目明细，以供查阅。

根据《民法典》第271条规定："业主对建筑物内的住宅、经营性用房等专有部分享有所有权，对专有部分以外的共有部分享有共有和共同管理的权利。"业主共有部分的所有权人，对于小区公共事务享有共同管理的权利。业主大会由全体业主组成，代表的是业主的意志，而业主委员会是业主大会的执行机构，其本身不具备决策权。业主委员会如果想要利用小区公共部分对外经营的，需经业主同意。就此而言，业主当然有权查阅相关收益资料。

根据《最高人民法院关于审理建筑物区分所有权纠纷案件具体应用法律若干问题的解释》第 13 条的规定："业主请求公布、查阅下列应当向业主公开的情况和资料的，人民法院应予支持：（一）建筑物及其附属设施的维修资金的筹集、使用情况；（二）管理规约、业主大会议事规则，以及业主大会或者业主委员会的决定及会议记录；（三）物业服务合同、共有部分的使用和收益情况；（四）建筑区划内规划用于停放汽车的车位、车库的处分情况；（五）其他应当向业主公开的情况和资料。"业主的知情权受到法律的保护，业主可以要求业主委员会依法公开相关资料，业主委员会也应该向业主公开收益情况。

当业主要求查阅收益账目等资料时，业主委员会应该依法配合。业主委员会也可以通过在公告栏张贴告知函的方式将本届业主委员会自成立以来，小区建筑物及附属设施的维修资金筹集、使用情况，业主委员会决定、决议和会议记录，小区共有部分的使用及收益情况，停车费收支分配即车位处分情况，各年度财务收支账目明细、收支凭证等情况予以公示，以此确保业主的知情权。

150. 业主委员会主任被罢免后拒绝交出公章怎么办？

郑某是小区业主委员会主任，后经法定程序被罢免主任一职。小区随后选举了新的业主委员会，新的业主委员会通知郑某办理交接工作，将印章移交给新业主委员会。郑某拒不配合交接工作，给新的业主委员会造成了极大不便，于是，新的业主委员会将郑某告上法院，要求郑某立刻移交印章及相关资料。

业主委员会印章、财务账目等资料涉及小区全体业主的权益，新的业主委员会是经法定程序合法产生的。根据《业主大会和业主委员会指导规则》第 45 条规定："业主委员会委员资格终止的，应当自终止之日起 3 日内将其保管的档案资料、印章及其他属于全体业主所有的财物移交业主委员会。"原业主委员会主任郑某理应在被免职后，将印章移交给新的业主委员会。

业主委员会在依法成立后，可以刻制印章。业主委员会的印章一般由业主委员会主任保管，当印章持有人也就是业主委员会主任身份改变时，例如业主委员会主任辞职或被撤职时，应当办妥交接工作，移交印章、账册等相关资料。如果原业主委员会主任或成员拒不配合相关工作，继任的业主委员会可以通过法律程序维护合法权益，向相关责任人提起诉讼。

151. 业主委员会决定与物业公司续签，业主可以反对吗？

根据《民法典》第 278 条的规定，选聘和解聘物业公司属于业主共同决定的事项。因此，是否与现在的物业公司续签，也应当是由业主决定的，业主委员会不可擅自为全体业主做决定。业主委员会可以代表业主与物业公司签订物业服务合同，但这并不意味着业主委员会就对续签物业服务合同事宜享有决定权。根据《物业管理条例》第 15 条规定，业主委员会执行业主大会决定的事项，履行代表业主与业主大会选聘的物业服务企业签订物业服务合同的职责。因此，业主委员会作为业主大会的执行机构，应该执行业主大会决定的事项，业主委员会不能擅自决定与物业公司续签，业主可以提出反对。如果业主大会经法定程序作出决议，决定不与物业公司续签的，那么业主委员会应当执行业主大会的决定。

根据《民法典》第 280 条规定："业主大会或者业主委员会的决定，对业主具有法律约束力。业主大会或者业主委员会作出的决定侵害业主合法权益的，受侵害的业主可以请求人民法院予以撤销。"如果业主委员会与物业公司续签的决定损害了业主的合法权益，受害业主可以通过向法院起诉的方式来维权，请求法院撤销业主委员会的决定。

152. 业主委员会可以起诉要求确认物业管理用房所有权归业主吗?

某小区规划有物业管理用房，小区建成后，开发商仅提供两间车库供物业公司使用，将规划的物业管理用房出租给他人经营幼儿园。开发商此举遭到了绝大部分业主的反对，但又拿开发商没有办法。于是业主委员会向法院提起诉讼，要求法院确认小区的物业管理用房归全体业主所有。那么，业主委员会是否有资格作为原告提起诉讼呢?

根据《物业管理条例》第30条规定:“建设单位应当按照规定在物业管理区域内配置必要的物业管理用房。”也就是说，开发商应该为住宅小区配置必要的物业管理用房，开发商仅提供车库给物业公司使用显然是不合法的。

根据《物业管理条例》第37条规定，物业管理用房的所有权依法属于业主。《民法典》第274条也规定，建筑区划内的物业服务用房，属于业主共有。因此，物业管理用房的所有权归全体业主所有，若要改变物业管理用房的用途，比如将之出租给他人经营使用的，应当经过业主的同意。

业主委员会是依法成立的组织，根据《民事诉讼法》第48条规定，组织可以作为民事诉讼的当事人，因此，业主委员会可以作为民事案件的原告提起诉讼。物业管理用房的经营使用是业主共同决议的事项，业主委员会依据业主大会或业主共同决议，在授权范围内，有权以业主委员会的名义提起诉讼。

153. 开发商承诺的幼儿园未达使用条件，业主委员会可以代表业主起诉吗？

公共设施主要包括教育、医疗卫生、文化体育、商业服务、行政管理和社区服务、绿地（包括公园、小游园、组团绿地及其他块状、带状绿地）等设施。业主在购买房屋时，公共设施是否完善是一个重要的考量因素。有的开发商为了吸引购房者，会承诺小区配套幼儿园等教育设施。

尚景小区的业主购房时与开发商签订的购房合同中均约定小区会配套幼儿园，但业主入住后发现合同中承诺的幼儿园未达到使用条件。于是，小区的业主委员会向法院起诉了开发商。那么，开发商未履行购房合同的约定，承诺的幼儿园未达到使用条件时，业主委员会是否有权代表业主将开发商告上法庭呢？

合同具有相对性，原则上，合同项下的权利义务只能赋予当事人或加在当事人身上，合同只能对合同当事人产生拘束力，而非合同当事人不能诉请强制执行合同。简单来说，就是指购房合同是由业主与开发商签订的，因而购房合同约束的是业主和开发商，并不涉及业主委员会。业主才是购房合同的当事人，是购房合同的权利义务人，与争议事项存在利害关系，业主有权要求开发商依约履行合同，而业主委员会并非合同当事人，与购房合同没有直接的利害关系，无权要求开发商履行购房合同的约定。

此外，业主委员会是依法成立的组织，其诉讼权利能力根据法律、法规有关规定，只限于业主大会有权决定的事项范围，包括业主共有和物业共同管理事项。开发商在买卖合同中承诺的幼儿园是否达到使用条件，这不属于业主共有和物业共同管理事项范围，超出了业主委员会的职责和权限，即便业主授权，也不能令业主委员会获得起诉资格。因此，业主委员会无权代业主提起诉讼，应当由签订购房合同的业主来起诉开发商。

154. 业主委员会的委员不履行法定职责该怎么办？

《业主大会和业主委员会指导规则》第35条规定："业主委员会履行以下职责：（一）执行业主大会的决定和决议；（二）召集业主大会会议，报告物业管理实施情况；（三）与业主大会选聘的物业服务企业签订物业服务合同；（四）及时了解业主、物业使用人的意见和建议，监督和协助物业服务企业履行物业服务合同；（五）监督管理规约的实施；（六）督促业主交纳物业费及其他相关费用；（七）组织和监督专项维修资金的筹集和使用；（八）调解业主之间因物业使用、维护和管理产生的纠纷；（九）业主大会赋予的其他职责。”业主委员会由小区内的业主选举出的业主代表组成，通过执行业主大会的决定代表业主的利益，是业主大会的执行机构。

业主委员会是否能履行好上述职责的关键在于每一位业主委员会的委员是否尽职尽责。根据《业主大会和业主委员会指导规则》第 44 条规定：“业主委员会委员有下列情况之一的，由业主委员会三分之一以上委员或者持有 20% 以上投票权数的业主提议，业主大会或者业主委员会根据业主大会的授权，可以决定是否终止其委员资格：（一）以书面方式提出辞职请求的；（二）不履行委员职责的；（三）利用委员资格谋取私利的；（四）拒不履行业主义务的；（五）侵害他人合法权益的；（六）因其他原因不宜担任业主委员会委员的。”因此，当业主委员会委员不履行委员的法定职责时，可以由占业主委员会人数三分之一以上的委员人数或是持有 20% 以上投票权数的业主提议，业主大会或者业主委员会根据业主大会的授权，对其委员资格是否终止作出决定。

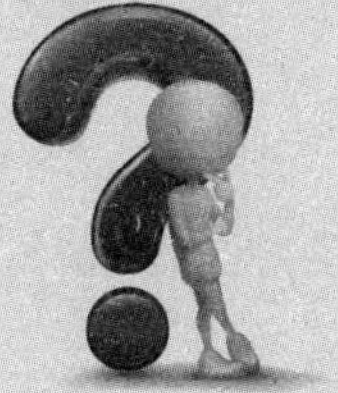

第九章

CHAPTER 9

专项维修资金

155. 什么是专项维修资金？

根据《住宅专项维修资金管理办法》第 2 条第 2 款的规定："本办法所称住宅专项维修资金，是指专项用于住宅共用部位、共用设施设备保修期满后的维修和更新、改造的资金。"也就是说，住宅专项维修资金应当用于住宅共用部位、共用设施设备保修期满后的维修和更新、改造，不得挪作他用。

根据《民法典》第 281 条第 1 款规定："建筑物及其附属设施的维修资金，属于业主共有。经业主共同决定，可以用于电梯、屋顶、外墙、无障碍设施等共有部分的维修、更新和改造。建筑物及其附属设施的维修资金的筹集、使用情况应当定期公布。"专项维修资金由业主交纳，属于全体业主共有，目的是进行小区共有部分的维修、更新和改造。例如，小区共用水管爆裂的维修费用就可以由专项维修资金承担。业主作为专项维修资金的所有权人，对维修资金的筹集、使用情况享有知情权，可以要求物业公司或业主委员会定期公布相关明细。

156. 专项维修资金应该如何交存？

《住宅专项维修资金管理办法》第13条规定：“未按本办法规定交存首期住宅专项维修资金的，开发建设单位或者公有住房售房单位不得将房屋交付购买人。”也就是说，交纳专项维修资金是房屋购买人的义务，如果购买人没有依法预先交纳专项维修资金，开发商就不能将房屋交付给购买人。

在交纳时间方面，根据《住宅专项维修资金管理办法》第12条规定：“商品住宅的业主应当在办理房屋入住手续前，将首期住宅专项维修资金存入住宅专项维修资金专户。已售公有住房的业主应当在办理房屋入住手续前，将首期住宅专项维修资金存入公有住房住宅专项维修资金专户或者交由售房单位存入公有住房住宅专项维修资金专户。公有住房售房单位应当在收到售房款之日起30日内，将提取的住宅专项维修资金存入公有住房住宅专项维修资金专户。”就商品房而言，业主在办理房屋入住手续前，需将首期住宅专项维修资金存入住宅专项维修资金专户。就已售公有住房的业主而言，可在办理入住手续前自行或交由售房单位将首期的住宅专项维修资金存入公有住房住宅专项维修资金专户。

在缴存比例方面，根据《住宅专项维修资金管理办法》第7

条的规定："商品住宅的业主、非住宅的业主按照所拥有物业的建筑面积交存住宅专项维修资金，每平方米建筑面积交存首期住宅专项维修资金的数额为当地住宅建筑安装工程每平方米造价的5%至8%。直辖市、市、县人民政府建设（房地产）主管部门应当根据本地区情况，合理确定、公布每平方米建筑面积交存首期住宅专项维修资金的数额，并适时调整。"一般而言，专项维修资金的缴存比例是当地住宅建筑安装工程每平方米造价的5%至8%，地方主管部门可以根据本地区情况，合理确定数额比例并予以调整。

157. 业主将房屋出售后，是否可以取回自己交纳的专项维修资金？

业主在购买新房时，需要交纳住宅专项维修资金，那么，当业主将房屋出售后，房屋所有权发生了变更，此时，业主是否可以取回自己已交纳的住宅专项维修资金？

《住宅专项维修资金管理办法》第28条规定："房屋所有权转让时，业主应当向受让人说明住宅专项维修资金交存和结余情况并出具有效证明，该房屋分户账中结余的住宅专项维修资金随房屋所有权同时过户。受让人应当持住宅专项维修资金过户的协议、房屋权属证书、身份证等到专户管理银行办理分户账更名手续。”由此可见，业主出售房屋后，不能取回专项维修资金，专项维修资金应当随房屋所有权同时过户。这主要是因为，房屋的所有权虽然改变了，但房屋需要维护这一点始终没有改变，因此，专项维修资金“随房走”。

此外，从上述规定可知，业主出售房屋后，还应当配合受让人办理住宅专项维修资金账户的更名手续，由于专项维修资金账户中的钱为业主所交纳，因此，业主在出售房屋时，可以对此部分价值进行考虑，由受让人对此部分金额进行弥补。

那么业主在什么情况下可以取回专项维修资金呢？《住宅专项维修资金管理办法》第29条规定：“房屋灭失的，按照以下规定返还住宅专项维修资金：（一）房屋分户账中结余的住宅专项维修资金返还业主；（二）售房单位交存的住宅专项维修资金账面余额返还售房单位；售房单位不存在的，按照售房单位财务隶属关系，收缴同级国库。”因此，维修资金与具体房屋相结合，也就是“资金随房走”，只有在房屋灭失的情况下，专项维修资金账户中结余的金额将返还给交存人或单位，即业主或售房单位。若售房单位不存在的，则专项维修资金的结余将由国库收缴。

158. 业主可以拒绝交纳专项维修资金吗？

专项维修资金是专门用于物业共用部位、共用设施设备保修期满后的维修和更新、改造的资金，属于全体业主共有。维修资金性质上属于专项基金，即为住宅共用部位、共用设施设备保修期满后的维修和更新、改造而专设的资金。它在购房款、税费、物业费之外，单独筹集、专户存储、单独核算。由其专用性所决定，专项维修资金的交纳并非源于特别的交易或法律关系，而是为了准备应急性地维修、更新或改造区分所有建筑物的共有部分。由于共有部分的维护关乎全体业主的共同或公共利益，所以维修资金具有公共性、公益性。

《物业管理条例》第7条第4项规定，业主在物业管理活动中，应当履行按照国家有关规定交纳专项维修资金的义务。第53条第1款规定，住宅物业、住宅小区内的非住宅物业或者与单幢住宅楼结构相连的非住宅物业的业主，应当按照国家有关规定交纳专项维修资金。因此，交纳专项维修资金是业主为维护建筑物的长期安全使用而应承担的一项法定义务，业主不可以拒绝交纳专项维修资金。

159. 物业公司有权处分和管理专项维修资金吗?

专项维修资金是每个业主在购买新房后都需交纳的费用，根据《住宅专项维修资金管理办法》的规定，住宅专项维修资金是指专项用于住宅共用部位、共用设施设备保修期满后的维修和更新、改造的资金。

《住宅专项维修资金管理办法》第10条第1款规定："业主大会成立前，商品住宅业主、非住宅业主交存的住宅专项维修资金，由物业所在地直辖市、市、县人民政府建设（房地产）主管部门代管。"第15条规定，业主大会成立后，直辖市、市、县人民政府建设（房地产）主管部门或者负责管理公有住房住宅专项维修资金的部门应当按规定划转业主交存的住宅专项维修资金。专项维修资金的所有权归全体业主，在管理方面是实行专户存储、专款专用、所有权人决策、政府监督的原则。如果小区没有成立业主大会的，由小区所在地直辖市、市、县人民政府建设（房地产）主管部门代管专项维修资金。小区成立业主大会后，则直辖市、市、县人民政府建设（房地产）主管部门或者负责管理公有住房住宅专项维修资金的部门应当将专项维修资金的账面余额划转至业主大会开立的住宅专项维修资金账户，并将有关账目等移交业主委员会。

在专项维修资金的使用方面，《民法典》第278条规定，使用、筹集专项维修资金由业主共同决定，需要应当由专有部分面积占比三分之二以上的业主且人数占比三分之二以上的业主参与表决，决定使用专项维修资金的应当经参与表决专有部分面积过半数的业主且参与表决人数过半数的业主同意，决定筹集专项维修资金的应当经参与表决专有部分面积四分之三以上的业主且参与表决人数四分之三以上的业主同意。

物业公司作为小区的物业服务企业，只是根据物业服务合同的约定为小区业主提供物业管理服务，其并非专项维修资金的所有权人，自然也就无权处分和管理专项维修资金。

160. 商品住宅的专项维修资金该如何使用？

住宅专项维修资金应当专项用于住宅共用部位、共用设施设备保修期满后的维修和更新、改造，不得挪作他用。通常来说，住宅共用部位，是指根据法律、法规和房屋买卖合同，由单幢住宅内业主或者与之结构相连的非住宅业主共有的部位，一般包括住宅的基础、承重墙体、柱、梁、楼板、屋顶以及户外的墙面、门厅、楼梯间、走廊通道等。共用设施设备，是指根据法律、法规和房屋买卖合同，由住宅业主或者住宅业主及有关非住宅业主共有的附属设施设备，一般包括电梯、天线、照明、消防设施、绿地、道路、路灯、沟渠、池、井、非经营性车场车库、公益性文体设施和共用设施设备使用的房屋等。

根据《民法典》第281条规定："建筑物及其附属设施的维修资金，属于业主共有。经业主共同决定，可以用于电梯、屋顶、外墙、无障碍设施等共有部分的维修、更新和改造。建筑物及其附属设施的维修资金的筹集、使用情况应当定期公布。紧急情况下需要维修建筑物及其附属设施的，业主大会或者业主委员会可以依法申请使用建筑物及其附属设施的维修资金。”专项维修资金由业主交纳，所有权归业主，因此，只有经过业主的同意，才能启用维修资金。此外，当紧急情况下需要维修建筑物及其附属设施，如电梯存在严重安全隐患、消防部门认定需要立即整改的消防设施故障、屋面或外墙渗漏水等，如果不及时维修，将会影响房屋使用安全或公共安全，此时，业主大会和业委会可以依法申请使用专项维修资金。